Anja Liedtke | Meir Schwarz

So sagt man halt bei uns

AF222805

Anja Liedtke | Meir Schwarz

So sagt man halt bei uns

Kleines jüdischdeutsches Wörterbuch

projektverlag.

Bibliografische Information der Deutschen Nationalbibliothek

Die Deutsche Nationalbibliothek verzeichnet diese Publikation in der Deutschen Nationalbibliografie; detaillierte bibliografische Daten sind im Internet über http://dnb.d-nb.de abrufbar.

ISBN 978-3-89733-253-9

© **projekt verlag,** Bochum/Freiburg 2012

www.projektverlag.de

Umschlaggestaltung: punkt**KOMMA**Strich, Freiburg
www.punkt-komma-strich.de

Inhalt

Vorwort

Ungefähr 1200 jüdische Gemeinden gab es in Deutschlands Dörfern und Städten um die Wende des 19. zum 20. Jahrhundert.

Das Zentrum des Gemeindelebens bildeten dort vorrangig die Synagoge und die Schule. Im Allgemeinen bestand eine Gemeinde aus 30 bis 60 Familien.

Kleinen Gemeinden fiel es schwer, jeden Vormittag und jeden Abend ein Minjan von zehn Männern zusammenzustellen, um einen Gottesdienst abhalten zu können. Ebenso schwierig gestaltete es sich, einen Schullehrer zu finanzieren. Neben der vom Staat geprüften Schulbildung, die auch die nichtjüdischen Kinder absolvierten, gab es für die jüdischen Kinder Unterricht in Hebräisch, Bibel- und Talmudkunde, jüdischer Geschichte und Geographie des heiligen Landes. Die jährliche Wiederholung der Lektüre der fünf Bücher Moses und das intensive orthodoxe Gemeindeleben prägten im Laufe der Jahre einen eigenen Wortschatz.

Jüdische Händler, besonders Viehhändler, Trödler und Hausierer, die von Ort zu Ort zogen, verwendeten hebräische Wörter, die sie an die deutsche Grammatik und die dialektale Lautung anpassten. Christliche Kollegen und Kunden nahmen diese Begriffe auf, so dass sie nach und nach in die allgemeine Handelssprache, sodann in die Umgangssprache eingingen.

Ein weiterer Weg jüdischdeutscher Wörter in die deutsche Umgangssprache führte von den jüdischen Familien zu den christlichen Dienstmädchen. Dabei veränderten sich die Ausdrücke sowohl inhaltlich als auch lautlich. Sie mischten sich mit Dialekten, hängten Vor- und Nachsilben zur Bestimmung von Verben, Adjektiven, Substantiven, Plural und Tempus an, und die verschiedenen Münder formten die Laute unterschiedlich. So kannten Mittelfranken das harte „P" und das harte „T" nicht. Aus „Pore", Hebräisch für Kuh, wurde beispielsweise „Bore"; „batuach", Hebräisch für „vertrauenswürdig", verwandelte sich in das weiche „beduechd" zum Ausdruck von „wohlhabend".

Aufgrund der Veränderungen ist die Herkunft vieler Ausdrücke schwer nachzuweisen. Ihr Zweck dagegen wird deutlich, wenn man zuhört: Sie bereichern den Wortschatz zur präzisen Bezeichnung von Sachverhalten und Gefühlen, zur Beschreibung von Tieren und Menschen.

Jüdischdeutsche Wörter sind in Deutschland auch im 21. Jahrhundert noch im Gebrauch. Vielen Deutschen aber ist nicht bewusst, dass und wann sie jüdischdeutsche Wörter gebrauchen.

Im diesem kleinen Wörterbuch habe ich eine Auswahl zusammengestellt, die Ausdrücke enthalten, an die ich mich noch aus meiner Kindheit in Nürnberg und Fürth erinnere, und solche, denen ich auf meinen späten Reisen nach Deutschland wiederbegegnet bin. Wenn ich die Leute nach ihren Begriffen und deren Herkunft gefragt habe, zuckten sie die Schultern und antworteten: „So sagt man halt bei uns.“

Den sogenannten Jeckes in unserer neuen Heimat Israel werden die Wörter etwas Heimisches vermitteln, während junge Deutsche die Herkunft einiger ihrer Wörter entdecken können.

Meir Schwarz

Jerusalem, im Januar 2012

Westjiddisch oder Jüdischdeutsch?

Zwar war im ersten Drittel des 20. Jahrhunderts auch die Sprachbezeichnung „Jiddisch" unter den Juden in Deutschland bekannt, aber diese Bezeichnung wurde nie für jenes Deutsch, das jüdische Ausdrücke beinhaltet, verwendet. „Jiddisch war die Sprache der ‚Ostjuden'. Ihr Jiddisch war uns unverständlich, und das ist kein Wunder. Vier bis sechs Jahrhunderte nach den Austreibungen der deutschen Juden und ihrer Ansiedlung im Osten hatte sich deren jüdische Sprache von der der westeuropäischen Juden weg entwickelt."[1]

„Bedingt durch die Judenverfolgungen im 13. Jahrhundert und besonders nach der großen Pest von 1348 kam es zur massenhaften Migration von Juden aus dem deutschen Sprachgebiet nach Osteuropa, besonders ins Königreich Polen und ins Großfürstentum Litauen, und in der Folge zu einer sprachlich getrennten Entwicklung: Das Jiddische im Westen entwickelte sich im Kontakt mit dem Deutschen weiter und glich sich ihm besonders im Zuge der Säkularisierung und Assimilation deutscher Juden seit dem 18. Jahrhundert weitgehend an, während das Jiddische im Osten den mittelalterlichen Stand des jüdischen Deutschen stärker bewahrte und sich hauptsächlich im Kontakt mit slawischen Sprachen durch Entlehnungen und durch Übernahme morphologischer und syntaktischer Elemente aus dem Slawischen weiterentwickelte. Man unterteilt das Jiddische deshalb in Westjiddisch und Ostjiddisch, wobei aber in der Forschung unterschiedliche Einschätzungen bestehen, ob auch das Westjiddische als eine gegenüber dem Deutschen eigenständige Sprache oder eher als eine Variante des Deutschen ... zu betrachten ist"[2].

Aus Respekt vor dem Empfinden der Sprecher nennen wir hier die behandelte Sprache Jüdischdeutsch und nicht Westjiddisch, das eine Sparte des Jiddischen bezeichnet, mit dem sich die Westjuden nicht identifizieren können. Zu groß ist der sprachliche, soziale und kulturelle Unterschied, zu eng ist die Verbundenheit der Sprecher des Jüdischdeutschen mit der deutschen Kultur und Sprache, als dass sie

---

[1] Jüdischdeutsch. In: Weinberg, Werner: Die Reste des Jüdischdeutschen. Stuttgart 1969, S. 61-66.
[2] http://de.wikipedia.org/wiki/Jiddisch.

auf den Ausdruck dessen im Namen ihrer Sprache verzichten wollten. Wissenschaft darf bekanntlich nicht an den Menschen vorbeigehen – und Sprache nicht an den Sprechern. (In den Zitaten kann natürlich auf die Wiedergabe des Ausdrucks nicht verzichtet werden.)

Neben dieser groben Unterteilung kommt es innerhalb des Jüdischdeutschen zu weiteren Differenzierungen, je nach Region. So beeinflussten die Dialekte das Jüdischdeutsch und umgekehrt das Jüdischdeutsch die Dialekte und Soziolekte. Die Mobilität war vor Beginn der Industriellen Revolution relativ gering, was der Vereinheitlichung der Sprache entgegenwirkte. Andererseits sorgten Händler, aber auch Vertriebene für eine Fluktuation, die Neues in die Dialekte brachte. Dies sind die Gründe dafür, dass sich die Sprachen beeinflussten, zugleich aber auch in ihrer regionalen Besonderheit verfestigten. So kommen regionale Differenzierungen wie beispielsweise „Lachoudisch" und „Massematte" zustande.

„Lachoudisch" bezeichnet eine seit mindestens 200 Jahren im fränkischen Schopfloch verbreitete Variante des Westjiddischen, die auch als „Schopflocher Geheimsprache"[3] bezeichnet wird. „Masematte" dagegen ist ein Soziolekt, der sich nachweislich seit Ende des 19. Jahrhunderts in den Elendsvierteln Münsters als Dialekt des Rotwelsch, der Sprache des fahrenden Volkes, entwickelt hat.[4]

Vermeintlich lokale Ausdrücke rufen manches Mal Verblüffung hervor, wenn sie von Sprechern anderer Bundesländer und von Israelis verstanden werden. Die oben zitierten Münsteraner wundern sich, im Ruhrgebiet, in Bayern und in Israel verstanden zu werden. Ebenso ist erstaunlich, in Israel von jungen Besuchern aus Deutschland verstanden zu werden, wenn man deutschjüdische Begriffe verwendet, von

---

[3] Siehe hierzu u. a.: Wörterbuch von Mittelfranken. Eine Bestandsaufnahme aus den Erhebungen des Sprachatlas von Mittelfranken. Zusammengestellt von Gunther Schunk, Alfred Klepsch, Horst Haider Munske, Karin Rädle und Sibylle Reichel. Würzburg 2001². Klepsch, Alfred: Westjiddisches Wörterbuch. Auf der Basis dialektologischer Erhebungen in Mittelfranken. Tübingen 2004
[4] Klaus Siewert: Grundlagen und Methoden der Sondersprachenforschung. Mit einem Wörterbuch der Masematte aus Sprecherbefragungen und den schriftlichen Quellen. Wiesbaden 2003. Roland Girtler: Rotwelsch. Die alte Sprache der Diebe, Dirnen und Gauner. Wien 1998

denen man glaubte, sie seien mit der deutschjüdischen Kultur ausgestorben. Umso erfreulicher ist es, dass die jungen Besucher aus Deutschland sich für das Sprachmaterial interessieren, weil sie darin einen Teil von sich erkennen.

Dieses kleine jüdischdeutsche Wörterbuch erhebt selbstverständlich nicht den Anspruch der Vollständigkeit. Vielmehr soll es den LeserInnen einige Hinweise auf die Wurzeln einiger von Ihnen benutzten Wörter vermitteln, die durch dieses Buch weiterhin lebendig gehalten werden.

acheln | achele | achle

Bedeutungen

1) transitiv, intransitiv; landschaftlich, insbesondere berlinisch, hessisch, moselfränkisch, pfälzisch, rheinisch: essen
2) transitiv; landschaftlich, pfälzisch: entwenden
3) intransitiv; landschaftlich, rheinisch: schmarotzen
4) intransitiv; landschaftlich, rheinisch: schwer arbeiten

Herkunft

seit dem 16. Jahrhundert in den Hausierersprachen bezeugt; diese entlehnten das Wort aus rotwelsch acheln, welches seinerseits westjiddisch אכלען, akhlen – essen entstammt und dieses selbst auf hebräisch אָכַל, āḵal – essen zurückgeht.[12]

Achile(s)

Bedeutung

Mahlzeit

Herkunft

hebr. אֲכִילָה achila

Ainera | Oinero

Bedeutung

Unglück, böses Auge, bringt Unglück

Beispiel

auch Nichtjuden vermieden, dass Fremde und Nachbarn zu früh in den Kinderwagen starrten und mit ihren Grimassen das Neugeborene erschreckten.

Herkunft

von hebr. עַיִן, ajin – Auge

---

[12] Kluge, Friedrich: Etymologisches Wörterbuch der deutschen Sprache, 24. Auflage, bearbeitet von Elmar Seebold, Berlin 2002, S. 12. Im Folgenden zitiert: Kluge[24].

askene | aussenen (Verb), Askenes (Subst.)

Bedeutung

handeln, tun, Händler

Herkunft

von hebr. עסק, esek – Geschäft[13]

ausbaldowern | usbaldowere

Bedeutungen

ugs., salopp: auskundschaften; Informationen gewinnen, sammeln

Herkunft

kam über rotwelsch Baldower – Kundschafter, Anführer bei einem verbrecherischen Vorhaben – im 19. Jahrhundert als Erstes im Berlinischen in den Sprachgebrauch. Ist jiddischen Ursprungs: bal – Herr und dowor – Sache, (gleichbedeutend hebräisch בעל, ba'al und דבר, dawar) zu hebräisch Ba'al-dawar – Herr einer Sache, Euphemismus für den Teufel.[14]

---

[13] Die Geheimsprache der Handelsleute oder Dolmetscher und Lexikon zur Entzifferung aller beim Handel und Wandel vorkommenden jüdischen und jargonischen Wörter und Redensarten für Metzger, Viehhändler, Oekonomen und Gewerbetreibende aller Art von J. Wolff, Sprachlehrer zu Essen an der Ruhr, Essen 1879, Selbstverlag des Verfassers, zit nach: http://deeper-thoughts.forumieren.com/t276-dolmetscher-Jiddisch.

[14] Duden, Herkunftswörterbuch. Etymologie der deutschen Sprache. 2., völlig neu bearbeitete und erweiterte Auflage, Mannheim - Leipzig - Wien - Zürich 1989, S. 53. Im Folgenden zitiert: Duden, Etym². Pfeifer, Wolfgang: Etymologisches Wörterbuch des Deutschen, 7. Auflage, München 2004, S. 77. Im Folgenden zitiert: Pfeifer⁷.
Hebräisch-Jiddische und rotwelsche Ausdrücke im Eichstetterischen. Von Karl Schmidt. Zit. nach: http://www.eichstetten.de/ortsinfo/mundart/Hebr_Jidd_rotwelsch.pdf.

Bajes

auch: Beiz, Beisel, Beisl

Bedeutungen

westoberdeutsch: westösterreichisch, besonders Vorarlberg; schweizerisch; südwestdeutsch: einfache Schankwirtschaft, in der man sich, besonders um zu trinken und zu plaudern, trifft

Herkunft

seit dem 15. Jahrhundert bezeugt, jedoch erst im 20. Jahrhundert in die Hochsprache übernommen; Entlehnung über das Rotwelsche aus dem westjiddischen בית, beys – Haus, welches seinerseits dem hebräischen בַּיִת, bayit – Haus entspringt; in der Bedeutung Haus ist das Wort in allen deutschen Hausierersprachen üblich, in der Bedeutung Wirtshaus nur im Südwesten geläufig.[15]

Bammel

Bedeutung

ugs. Angst, Furcht

Herkunft

über das Jiddische (furchtsamer Mensch) aus dem hebräischen בַּעַל ba'al – Herr und אימה, ejma – Angst[16]

---

[15] Kluge[24], S. 106. Die Schopflocher Zweitsprache Lachoudisch, F.G. Medine Schopfloch e.V., Zit.: http://www.medine-schopfloch.de/Lachoudisch/lachoudisch.html. Hebräisch-jiddische und rotwelsche Ausdrücke im Eichstetterischen. Von Karl Schmidt. Zit. nach: http://www.eichstetten.de/ortsinfo/mundart/hebr_jidd_rotwelsch.pdf. TackoPedia – das Masematte-Wörterbuch. Zit: http://wiki.muenster.org/ index. php/TackoPediaB

[16] Liste deutscher Wörter aus dem Hebräischen: http://de.wikipedia.org/wiki/Liste_deutscher_W%C3%B6rter_aus_dem_Hebr%C3%A4ischen http://www.eichstetten.de/ortsinfo/mundart/Hebr_Jidd_rotwelsch.pdf

Bartel

ursprüngliche Formulierung: Barthel weiß, wo er den Most holt

Deutschland: zeigen, wo Barthel den Most holt

Österreich, Süddeutschland: wissen, wo der Bartl den Most holt/zeigen, wo der Bartl den Most holt

Schweiz: wissen, wo Bartli den Most holt/zeigen, wo Bartli den Most holt

Bedeutung

Deutschland, umgangssprachlich: gewandt, gewitzt, schlau sein; Bescheid wissen; alle Kniffe kennen (oft auf Sexuelles bezogen)

Herkunft

Die Wendung ist seit dem 17. Jahrhundert literarisch nachzuweisen. Für ihre Entstehung gibt es dreizehn verschiedene Erklärungen.

Eine der Erklärungen bezieht sich auf das Hebräische: Die Redewendung stammt aus der Gaunersprache und rührt von der Lautgestalt der hebräischen Wörter בַּרְזֶל, barzæl – Eisen und מָעוֹת, māōt – Geld, Münzen her. Die Volksetymologie hätte die hebräischen Wörter dann zu Barthel und Most umgedeutet. Die Bedeutung der Redewendung wäre hiernach, dass jemand weiß, mithilfe eines Brecheisens an Geld zu kommen. Diese Erklärung sieht sich allerdings dem Einwand ausgesetzt, dass Barsel im Rotwelschen für Eisen, Schließeisen und Vorlegestange gestanden hat, während das Stemmeisen Schaberbartle geheißen hat. Es könnte jedoch sein, dass Schaberbartle verhüllend zu Bart(h)el verkürzt wurde.[17]

---

[17] Vgl. http://de.wiktionary.org/wiki/wissen,_wo_Barthel_den_Most_holt. Müller, Klaus (Hrsg.): Lexikon der Redensarten, München, 2005, S. 48. Im Folgenden: LexRedensarten.[2005] Duden, Redewendungen, Band 11: 2., neu bearbeitete und aktualisierte Auflage, Mannheim – Leipzig – Wien – Zürich 2002, S. 95. Im Folgenden: Duden, Redewendungen[2.] Röhrich, Lutz: Lexikon der sprichwörtlichen Redensarten, Neuausgabe, Freiburg im Breisgau 2009, 3 Bände, S. 156. Im Folgenden: Röhrich, Sprichwörtliche Redensarten. http://www.eichstetten.de/ortsinfo/mundart/ Hebr_Jidd_rotwelsch.pdf.

battersch | baddasch | pattersch | pattesch | pattisch

Bedeutung

trächtig, schwanger

Herkunft

Sprache der Viehhändler, von jidd. pattersch – schwanger[18]

Bauker

Bedeutung

Morgen

Herkunft

hebr. בוקר, boker[19]

beduechd | betucht

Bedeutung

ugs. gut betucht sein, im Besitz von ansehnlichem Vermögen

Herkunft

seit dem 17. Jahrhundert bezeugt; direkte Entlehnung aus dem Westjiddischen, welches dem hebräischen Partizip בָּטֻחַ, bāṭuᵃḥ – sicher sein, vertrauensvoll entstammt; dieser Begriff kann in Händlerkreisen auf einen finanziell sicheren, also wohlhabenden Partner angewandt werden; die Lautung wird über das westjiddische בעטוחע, betukhe, sicher, an die Partizipialform angepasst; das

---

[18] http://www.eichstetten.de/ortsinfo/mundart/Hebr_Jidd_rotwelsch.pdf http://wiki.muenster.org/index.php/TackoPediaP-Q. Pfälzisches Wörterbuch. Begründet von Ernst Christmann. Fortgef. von Julius Krämer. Bearb. von Rudolf Post. Unter Mitarb. von Sigrid Bingenheimer. 6 Bde. und ein Beiheft. Stuttgart 1965-1998. In: http://woerterbuchnetz.de/PfWB/?sigle=PfWB &mode=Vernetzung&lemid=PB01136.

[19] http://deeper-thoughts.forumieren.com/t276-dolmetscher-Jiddisch.

Wort gelangt erst später ins Rotwelsche; dort ist es in der Form betuach im Sinne von still, vorsichtig, zuversichtlich bezeugt.[20]

Behejme | Behaime

Bedeutungen

1) Rindvieh
2) Übertragen auf den Menschen: behäbige, schwerfällige, langsame Person

Herkunft

rotw. Behemes, jidd.: b'hejme, hebr.: בהמה, b'hejma

Kuschere b'hejmu: nach rituellen Speisegesetzen geschlachtetes Tier

Mackelbehejme – Schlachtkuh[21]

Beisrol

Bedeutung

Jude

Herkunft

jidd., aramäisch בר ישראל, bar jisroel – Sohn Israels[22]

bekan | bekaan

Bedeutung

da, hier, dabei

---

[20] Vgl. Duden, Deutsches Universalwörterbuch, 6., überarbeitete und erweiterte Auflage, Mannheim – Leipzig – Wien – Zürich, 2006, S. 295. Im Folgenden zitiert: Duden, Universal[6]. Duden: Das Herkunftswörterbuch; 3. Auflage, Mannheim, 2001. Stern, Josef: WestJiddisch? Jüdisch-Deutsches Wörterbuch. In: http://www. hagalil.com/ israel/2008/judendeutsch-2.htm.

[21] http://www.medine-schopfloch.de/Lachoudisch/lachoudisch.html http://www.eichstetten.de/ortsinfo/mundart/Hebr_Jidd_rotwelsch.pdf

[22] http://wiki.muenster.org/index.php/TackoPediaM.

Varianten

bekane, pekan

Bekan haben – dabei haben, bei sich haben

bekan wissen – Bescheid wissen

Herkunft

jidd. bekaan, hebr. פּן , kan – hier[23], בְּ , be – in, stellt eine Tautologie dar

bekowed | bekufet | kowed | kufett

Bedeutung

angesehen, ehrbar, würdig, gemütlich, angenehm, wohlhabend, beehren, Ehre

Herkunft

von hebr. כבוד, kavod – Würde, Respekt, Ehre[24]

kowed schmusen – vornehm sprechen

So bezeichnete man u. a. einen Menschen, der sich raffiniert ausdrückte, um wenigstens auf diesem Gebiet gegen Unterdrückung durch einen Mächtigeren zu opponieren. Ein Jude zum Beispiel konnte auf diese Weise vor sich selbst seine Würde und geistige Überlegenheit zeigen, wenn er von Nichtjuden, die die Staatsmacht, die Macht der Mehrheit oder die physische Kraft besaßen, unterdrückt wurde.

---

[23] http://wiki.muenster.org/index.php/TackoPediaB. Guggenheim-Grünberg, Florence: Wörterbuch zu Surbtaler Jiddisch, Endingen 1998, S. 9. Siegmund Wolf: Wörterbuch des Rotwelschen, Mannheim 1956, S. 48.

[24] http://deeper-thoughts.forumieren.com/t276-dolmetscher-Jiddisch. Althaus, Hans-Peter: Künstler-Jargon. In: Sprache und Text in Theorie und Empirie: Beiträge zur germanistischen Sprachwissenschaft; Festschrift für Wolfgang Bradt, hrsg. Von Claudia Mauselhagen und Jan Seifert, Stuttgart 2001 (Zeitschrift für Dialektologie und Linguistik: Beihefte H. 114), S. 13.

Bele

Bedeutungen

1) Schmuddelige Frau
2) Spiel

Herkunft

Frauenname. jidd. Bela, Bella, hebr.: Isebel, Isabella

bentschen | benschen

Bedeutung

beten

Herkunft

verderbt aus lat. benedicĕre, segnen, bes. das Gebet nach Tisch sprechen.[25]

Berches

Bedeutung

Das hebräische Wort Challa חַלָּה, auch Challah, (Pl. Challot), deutsch Teighebe, bezeichnet im 4. Buch Mose 15,17-21 EU, wo die Erstlingsopfer beschrieben sind, den Teil des Brotteiges, der als Opfergabe abgesondert und den Priestern des Tempels gegeben wurde. Nach der Zerstörung des Tempels im Jahre 70 u. Z. wurde von den Rabbinern festgelegt, dass ein kleiner Teil des Teiges auch weiterhin abzusondern ist. Da er jedoch nicht mehr den Priestern gegeben werden kann, wird er stattdessen verbrannt. Das Challa-Nehmen ist eine der drei religiösen Pflichten der Frau im Judentum.

---

[25] Brockhaus Kleines Konversations-Lexikon, 5. Auflage 1911, zit. nach: http://www.zeno.org/Brockhaus-1911/A/Benschen. http://deeper-thoughts.forumieren.com/t276-dolmetscher-Jiddisch.

Heute steht das Wort Challa für:

1) den oben beschriebenen abgesonderten Teil vom Teig
2) die Schabbat-Brote (ostjidd. Challe, westjidd. Barches oder Berches)

Herkunft

hebr. בְּרָכָה beracha – Segen, Glückwunsch[26]

Besomenmokem

Bedeutung

Würzburg

Herkunft

dt. besamen, hebr. מקם, mokem (ashkenasische Aussprache), makom (modernes Hebräisch) – Ort[27]

Beze (Sg.), Bizemmli (Pl.)

Bedeutung

Ei, Eier

Herkunft

hebr. ביצה , bezah (Sg.), ביצים, bezim (Pl.)[28]

blejde (-gehen) | pleite (-gehen)

Bedeutungen

1) salopp: Unfähigkeit, die Kosten für finanzielle Verpflichtungen zu bestreiten

---

[26] http://www.eichstetten.de/ortsinfo/mundart/Hebr_Jidd_rotwelsch.pdf
http://de.wikipedia.org/wiki/Challa.

[27] Weinberg, Werner: Die Reste des Jüdischdeutschen. Stuttgart 1969.

[28] http://deeper-thoughts.forumieren.com/t276-dolmetscher-Jiddisch
http://www.hagalil.com/israel/2008/judendeutsch-2.htm.
http://www.medine-schopfloch.de/Lachoudisch/lachoudisch.html.

2) salopp: (unvorhergesehen, überraschend) enttäuschender, negativer Ausgang einer Unternehmung oder Ähnlichem

Herkunft

seit dem 19. Jahrhundert bezeugt; Entlehnung über das Rotwelsche – in dem für das 18. Jahrhundert Blede machen – durchgehen, entfliehen belegt ist – aus dem westjiddischen פּלטה, pleyte, Entrinnen, Flucht (vor den Gläubigern); Bankrott; fort, weg; dieses entstammt seinerseits dem hebräischen פְּלֵטָה, pᵉlēṭā(h) – Rest, Überbleibsel; Entrinnen, Rettung, später auch Bankrott.[29]

Der Pleitegeher leitete sich vom hebräischen Wort פְּלֵטָה, peleta/pleta (Flucht) und dem deutschstämmigen Wort gehen ab; in der westjiddischen Form wird das hebräischstämmige Wort lautlich systemhaft verändert zu plajte (Diphthongierung und Endsilbenabschwächung) und das deutschstämmige Wort gehen erscheint in der westjiddischen Form als gajen. Die feststehende jiddische Wendung plajte gajen bedeutete ursprünglich auf die Flucht gehen/fliehen; der plajte-gajer war derjenige, der auf die Flucht ging, also floh. Durch volksetymologische Umdeutung wurde aus dem – in der westjiddischen Lautung – homophonen Geher der Aasvogel Geier.[30]

Vgl.: *machulle*

Bocher

Bedeutungen

1)
  a) noch nicht ganz erwachsener junger Mann
  b) ugs. jüdischer Jüngling

2)
  a) rabbinischer Schüler oder Student

---

[29] Duden, Universal⁶, S. 1294. Digitales Wörterbuch der deutschen Sprache „Pleite".

[30] http://de.wikipedia.org/wiki/Liste_deutscher_W%C3%B6rter_aus_dem_Hebr %C3%A4ischen.

b) ugs. Student

3)

a) ugs. erfahrener Beamter der Polizei

b) ugs. ein sich mit Gaunern und deren Idiom, dem Rotwelschen (Gaunersprache), auskennender Beamter

Herkunft

Entlehnung über jiddisch בחור, bokher – Bursche; Junggeselle aus hebräisch בָּחוּר, bāḥūr – junger Mann

1b) seit dem 18. Jahrhundert bezeugt

2b) seit 1800 bezeugt; im Jiddischen eigentlich der Talmudbeflissene, der Schüler des Rabbi.

3a, 3b) Weiterentwicklung des unter 2b) Beschriebenen; gelangte über rotwelsche Vermittlung um 1862 in den deutschen Wortschatz. [31]

Boere | Boore | Poroh

Bedeutung

(alte) Kuh

Herkunft

hebr. פָּרָה, Para – Kuh[32]

---

[31] Duden, Das große Fremdwörterbuch, 4., aktualisierte Auflage, Mannheim – Leipzig – Wien – Zürich, 2007, S. 210, im Folgenden: Duden, Fremd[4.] Heinz Küpper: Illustriertes Lexikon der deutschen Umgangssprache in 8 Bänden, Stuttgart 1982–1984, S. 441–442, im Folgenden: Küpper, ILDU[1982–84], Heinz Küpper: Wörterbuch der deutschen Umgangssprache. 1. Auflage, 6. Nachdruck. Stuttgart, München, Düsseldorf, Leipzig 1997, Digitale Ausgabe: in Digitale Bibliothek Bd. 36, Berlin 2006, Artikel »Bocher«. Im Folgenden: Küpper, WddU http://deeper-thoughts.forumieren.com/t276-dolmetscher-Jiddisch.

[32] http://www.medine-schopfloch.de/Lachoudisch/lachoudisch.html http://www. eichstetten.de/ortsinfo/mundart/Hebr_Jidd_rotwelsch.pdf http://deeper-thoughts. forumieren.com/t276-dolmetscher-Jiddisch..

borschen | borsche

Bedeutung

Blutadern und Sehnen aus dem Fleisch entfernen, damit es ko-
scher wird.

Herkunft

hebr. פרש prsch[33]

Bosser | Busser | Buuser

Bedeutung

Fleisch, Rindfleisch

Herkunft

hebr. בשר, basar

Siehe auch *Kasserbosser* – Schweinefleisch[34]

brouches | brauges | brochus | brokus

Siehe auch *Rochus*

Bedeutung

beleidigt, verärgert, Streit haben

Herkunft

rotw. Einen Rochus haben

jdd. broch – Bruch, Leid

hebr. בְּ be – in, plus רוגז, roges – Zorn, Hader[35]

---

[33] Guggenheim-Grünberg, Florence: Wörterbuch zu Surbtaler Jiddisch, Endingen 1998, S. 11.

[34] http://www.medine-schopfloch.de/Lachoudisch/lachoudisch.html
http://deeper-thoughts.forumieren.com/t276-dolmetscher-Jiddisch
http://www.eichstetten.de/ortsinfo/mundart/Hebr_Jidd_rotwelsch.pdf.

[35] http://wiki.muenster.org/index.php/TackoPediaB
http://www.eichstetten.de/ortsinfo/mundart/Hebr_Jidd_rotwelsch.pdf.

bsoll

Bedeutung

billig

Herkunft

hebr. זול, sol

Bunem

Bedeutung

Gesicht

Herkunft

jidd. ponim

hebr. פנים, panim (nur im Pl.) – Angesicht, Gesicht, Äußeres[36]

Bilbulim | Bolbulim

Bedeutung

Streit, Händel, Verwirrung

Das sen Bilbulim. – Neckereien des Alters, absichtlich gegebene Anlässe zu Streitigkeiten.

Das sen Bilbulim vom Dach herunter (vom Zaun gebrochen).

Oder: Der sucht Bilbulim vom Hause herunter.

In einen Bilbul fallen – In einen unangenehmen, schmutzigen Prozess verwickelt werden.

Bilbul machen – Einen solchen Prozess anstrengen.

Herkunft

jidd. bilbul, Pl.: bilbulim

hebr. בלול/בִּלְבּוּל, Bilbul – Verwirrung[37]

---

[36] http://www.eichstetten.de/ortsinfo/mundart/Hebr_Jidd_rotwelsch.pdf.

[37] http://deeper-thoughts.forumieren.com/t276-dolmetscher-Jiddisch Sprichwörter und Redensarten deutsch-jüdischer Vorzeit. Als Beitrag zur

Charoude | Charode | Charoute | Karoude

Bedeutung

bereuen, Reue, Bedauern, Angst

Herkunft

hebr. חרטה, charata – Reue[38]

Chassermokem

Bedeutung

Schweinfurt

Herkunft

hebr. חֲזִיר, chasser (ashkenasische Aussprache), chasir (modernes Hebräisch) – Schwein, מקם, mokem (ashkenasische Aussprache), makom (modernes Hebräisch) – Ort

chalomes

Siehe *Kalaumes*

charpenen | karpenne | Charpe

Bedeutung

sich schämen/Schande, Schimpf

Herkunft

jidd. charpo – Schande, Scham

hebr. חֶרְפָּה, Cherpa – Schande[39]

Volks-, Sprach- und Sprichwörterkunde. Aufgezeichnet aus dem Munde des Volks und erläutert von Abraham Tendlau, Frankfurt a.M. 1860. Zit nach: http://www.zeno.org/Wander-1867/A/Ecke. Im Folgenden: Tendlau, 563, Tendlau, 381. Wolf, Siegmund: Wörterbuch des Rotwelschen, Mannheim 1956, S. 52.

[38] http://www.medine-schopfloch.de/Lachoudisch/lachoudisch.html.

[39] http://deeper-thoughts.forumieren.com/t276-dolmetscher-Jiddisch Siegmund Wolf: Wörterbuch des Rotwelschen, Mannheim 1956, S. 70.

Chauwes | Kouwess

Bedeutung

Schulden

chajew – schuldig

Herkunft

jidd. chow, chowa

hebr. חוב, Chow – Schulden[40]

Chuzpe

Bedeutung

Salopp abwertend: Dreistigkeit, Frechheit, Unverschämtheit, vollkommene Unverfrorenheit, Schlitzohrigkeit

Herkunft

Erst seit dem 20. Jahrhundert bezeugt, aber wohl früher schon aus dem westjiddischen חוצפה, khutspe – Frechheit, Dreistigkeit, Schamlosigkeit, Unverschämtheit entlehnt; dieses wiederum entstammt dem hebräischen חוּצְפָּה, ḥuṣpā(h) – Frechheit, Dreistigkeit, Unverschämtheit.[41]

Daffke, aus Daffke

Bedeutung

nordostdeutsch, besonders berlinerisch, salopp: aus Trotz, zum Trotz; nun gerade; aus Eigensinn; nur zum Spaß

Herkunft

seit dem 20. Jahrhundert bezeugt; Entlehnung aus dem rotwelschen dafko – durchaus, absolut –, das seinerseits dem westjiddischen דווקא, dafke(s), davke(s), – nun gerade, erst recht – ent-

---

[40] http://wiki.muenster.org/index.php/TackoPediaK
http://deeper-thoughts.forumieren.com/t276-dolmetscher-Jiddisch.
[41] Kluge[24], S. 172.

stammt, welches wiederum auf das hebräische (א)דּוּקָ, dayḳā(') –
nur so (und nicht anders), durchaus – zurückgeht; die deutsche
Wendung beruht auf der Hypostasierung einer satzwertigen Partikel (Verselbständigung einer Partikel, die keine syntaktische
Funktion in einem einfachen Satz einnimmt, sondern einen selb-
ständigen Satz konstituiert). [42]

daggoff | taggof

Bedeutung

1) gesund, stark

2) angesehen, großer Herr, feiner Mann

Herkunft

hebr. תקיף, takif – stark, unbeugsam, fest entschlossen, energisch. [43]

Dajes

Bedeutung

Sorgen

Herkunft

hebr. דְּאָגָה, deaga – Sorge [44]

dalfene | talfen

Bedeutung

betteln

---

[42] Vgl. ebenda, S. 177.

[43] http://www.medine-schopfloch.de/Lachoudisch/lachoudisch.html
Guggenheim-Grünberg, Florence: Wörterbuch zu Surbtaler Jiddisch, Endingen
1998, S. 17.

[44] Link, Paul, Professor: unveröffentliche Wortsammlung, zugänglich gemacht von Rainer Hofmann, Schopfloch.

Herkunft

rotw. dalfen

jidd. dalfon, dalfen – arm

hebr. דַּל, dal – arm, דלפון dalfon- Hungerleider, Armer[45]

dalles

Bedeutungen

1) westmitteldeutsch, ugs. Gefühl der Verlegenheit aufgrund finanzieller Not

2) westmitteldeutsch, ugs. vorübergehendes, leichtes Unwohlsein; Erkältung

Herkunft

seit dem 18. Jahrhundert bezeugt; Entlehnung aus dem westjiddischen דלות, dales – Armut, welches dem hebräischen דַלוּת, dallūṯ – Armut entstammt; das Wort ist ebenfalls im Rotwelschen belegt, jedoch erst nach seiner Bezeugung in der neuhochdeutschen Umgangssprache, so dass der Weg der Übernahme nicht eindeutig ist; ein anderes Dalles in den Dalles haben, kaputt, tot sein scheint auf hebräisch טלית, ṭallit, Totenkleid zurückzugehen, jedoch haben sich die beiden Bedeutungen vermischt und weiterentwickelt.[46]

Desche

Bedeutung

Gras

Herkunft

hebr. דשא, desche

---

[45] http://wiki.muenster.org/index.php/TackoPediaT.

[46] Kluge[24], S. 177. http://www.eichstetten.de/ortsinfo/mundart/ Hebr_Jidd_rotwelsch.pdf. http://deeper-thoughts.forumieren.com/t276-dolmetscher-Jiddisch.

dibbern | diwern | dimere

Bedeutungen

1) intransitiv, umgangssprachlich: reden
2) intransitiv, umgangssprachlich: heimlich reden; leise auf jemandem einreden
3) intransitiv, umgangssprachlich: jemanden in eine Unterhaltung verwickeln, um seine Aufmerksamkeit abzulenken, sodass man diesen bestehlen kann.

Gedibber – Gerede

Herkunft

seit dem 15. Jahrhundert bezeugt; Entlehnung über das Rotwelsche und den Händlersprachen aus westjiddisch דברן, dibbern, dabbern – reden, sprechen, sagen, das seinerseits der hebräischen Wurzel דָּבַר, dābar – sprechen entstammt.[47]

diffle

Bedeutung

beten

Herkunft

hebr. תפילה tfila – Gebet

dirme | dormen | durmen

Bedeutung

rotw. schlafen

Herkunft

franz., span., port. dormir[48]

---

[47] Kluge[24], S. 197. Althaus, Hans Peter: Chuzpe, Schmus & Tacheles. Jiddische Wortgeschichten, München 2004, S. 80-81.

[48] http://deeper-thoughts.forumieren.com/t276-dolmetscher-Jiddisch

doff

Bedeutung

gut, ugs. dufte, tofte, (österr.) toffe

Herkunft

jiddisch, hebr. טוֹב tov – gut. Über die Gaunersprache ins Berlinische.[49]

Siehe auch *dufte*

Doud | Daud

Bedeutung

Onkel

Herkunft

hebr. דוד, dod – Onkel[50]

Doufes | Tefisse

Bedeutung

Gefängnis

Herkunft

hebr. תפיסה tefisse – Fassen, Erfassen, Beschlagnahme[51]

Dueches | Duches | Toches

Bedeutung

Gesäß

Wolf, Siegmund: Wörterbuch des Rotwelschen, Mannheim 1956, S. 81 f.

[49] Duden: Das Herkunftswörterbuch; 3. Auflage. Mannheim, 2001.

[50] http://deeper-thoughts.forumieren.com/t276-dolmetscher-Jiddisch.

[51] http://www.medine-schopfloch.de/Lachoudisch/lachoudisch.html
http://deeper-thoughts.forumieren.com/t276-dolmetscher-Jiddisch.
Florence Guggenheim-Grünberg: Wörterbuch zu Surbtaler Jiddisch, Endingen 1998, S. 17. Landmann, Salcia: Jiddisch. Abenteuer einer Sprache. München 1964, S. 254.

vgl. Stichwort *Toches*

Herkunft

jidd. tochess

hebr. תחת, tachat – Das Untere, das Unterteil, unten

De Boore het kai Duches – Die Kuh ist schmal hinten; Du kasch mi am Duches menuche – Du kannst an meinem Hinterteil Ruhe finden.[52]

dufte

Bedeutung

norddeutsch, besonders berlinisch; salopp: sehr gut

Herkunft

im 19. Jahrhundert von Berlin ausgehend; Entlehnung über das Rotwelsche, wo es seit dem 18. Jahrhundert bezeugt ist, aus dem westjiddischen טוב, tov – gut, schön, lieblich, glücklich, groß, fröhlich, das seinerseits dem hebräischen טוב, ṭōv – gut entstammt; aus derselben westjiddischen Quelle entstammen ebenfalls taff und toff; in den Händlersprachen lautet das Wort für gut, doff oder toff, im Jenischen der Eifler Hausierer doft.

Laut Althaus und Kluge gibt es noch einen anderen, jedoch weniger glaubhaften Erklärungsversuch: so vertrat 1928 die Sprachforscherin Agathe Lasch, die Auffassung, dass das Wort auf das jiddische תיפלה, tifle – nichtjüdisches Bethaus zurückgehe; bei deutschen Juden bedeutete Tiffle Kirche und wurde nicht zur Bezeichnung der Sakralgebäude anderer Religionsgemeinschaften benutzt; für Kirche war das Wort auch im Rotwelschen geläufig, wo neben anderen Lautformen schon 1490 Dift und seit 1726 Duft belegt sind; Lasch nahm an, dass dufte die Bedeutung – zur Kirche gehörig – bekommen habe, was als recht, richtig, später dann als großartig verallgemeinert worden sei; semantisch ist diese These,

---

[52] http://www.eichstetten.de/ortsinfo/mundart/Hebr_Jidd_rotwelsch.pdf
http://www.medine-schopfloch.de/Lachoudisch/lachoudisch.html.

so Althaus, nicht haltbar, da für die Bedeutungsentwicklung kei-
nerlei Belege vorliegen.[53]

Eelgetz

Bedeutung

eingebildeter Kerl, jemand, der mit gewichtiger Miene herumläuft.

Herkunft

nicht verwandt mit dem Ölgötzen, sondern von hebr.: עליון, eljon –
der Höchste und hebr.: יועץ, jo'ejz – Rat, Oberrat. Ein eljon jo'ejz ist
also ein hoher Oberrat, der eventuell mit gewichtiger Miene ein-
hergeht.[54]

Egele | eikel | Eigel

Bedeutung

Kalb

Herkunft

hebr. עגל, egel[55]

Eikelbuuser | Eigelbosor

Bedeutung

Kalbfleisch

Herkunft

siehe: *Egele, eikel, Eigel* und *Bosser, Busser, Buuser*[56]

---

[53] Kluge[24], S. 220. Duden, Universal[6], S. 429. Althaus, Hans Peter: Chuzpe,
Schmus & Tacheles. Jiddische Wortgeschichten, München 2004, S. 109.

[54] http://www.eichstetten.de/ortsinfo/mundart/Hebr_Jidd_rotwelsch.pdf.

[55] http://deeper-thoughts.forumieren.com/t276-dolmetscher-Jiddisch
http://www.eichstetten.de/ortsinfo/mundart/Hebr_Jidd_rotwelsch.pdf
http://wiki.muenster.org/index.php/TackoPediaE.

[56] http://deeper-thoughts.forumieren.com/t276-dolmetscher-Jiddisch

einseifen | sabbeln

Bedeutungen

1) Die ursprüngliche Bedeutung z. B. in einseifen beim Rasieren.

2) Die übertragene Bedeutung betrügen, jmd. etw. einreden möglicherweise durch Anpassung an rotwelsch beseiwelen aus westjiddisch sewel – Dreck.

Herkunft

hebr. זבל, sewel – Mist, Kot[57]

Emes | emesdig | Emes Vazedek

Bedeutung

Wahrheit – wahrhaftig – Wahrheit und Gerechtigkeit

Herkunft

hebr. אמת, Emet – Wahrheit, אמת ו צדק, Emet Vazadek – Wahrheit und Gerechtigkeit, emesdig ist Ableitung zum Adjektiv mit deutscher Endung -ig.

Errev | Eref

Bedeutung

Abend

Herkunft

hebr. ערב, erev[58]

Ezzes

Ezzes geber – Ratgeber

---

http://www.eichstetten.de/ortsinfo/mundart/Hebr_Jidd_rotwelsch.pdf.

[57] Kluge, Friedrich: Etymologisches Wörterbuch der deutschen Sprache; 23. erweiterte Auflage, 1999.

[58] http://deeper-thoughts.forumieren.com/t276-dolmetscher-Jiddisch.

Bedeutung

ostoberdeutsch, österreichisch, umgangssprachlich oder salopp: nützliche Hinweise, gute Ratschläge

Herkunft

seit dem 19. Jahrhundert bezeugt; Entlehnung über das rotwelsche eize – Rat aus dem westjiddischen עצה, eytse – Rat, Ratschlag, Hinweis (Plural: עצות, eytses), welches seinerseits dem hebräischen עֵצָה, ēṣā(h) – Rat entstammt.[59]

flöten gehen

Bedeutungen

1) ugs. verloren gehen
2) ugs. in einzelne Teile zerfallen

Er ist flöten gegangen. Es ist flöten gegangen. – Er/es ist verschwunden.

Herkunft

Das Wort ist seit dem 18. Jahrhundert bezeugt, dessen Entstehung ist jedoch dunkel. Kluge verweist auf eine mögliche Herleitung aus dem Jiddischen über das Rotwelsche bei Wolf. Demnach gehört es zur gleichen Quelle wie Pleite. Hebr. פְּלֵטָה, Peleta – Flucht des Betrügers. Peleta gelangte in portugiesisch-hebräischer Aussprache als feleta in die Niederlande und dann als flöten nach Deutschland. Diese Erklärung ist schon deshalb nicht von der Hand zu weisen, weil sowohl in Pleite als auch in flöten gehen der Sinn des Zugrundegehens, des Ruins liegt.[60]

---

[59] Kluge[24], S. 268.

[60] Kluge[24], S. 304. Wolf, S. A.: Wörterbuch des Rotwelschen. Deutsche Gaunersprache. 2. durchgesehene Auflage, Hamburg 1985. S. 103; Küger-Lorenenzen: Deutsche Redensarten und was dahintersteckt. 8. Auflage, Düsseldorf 1993, S. 98.

Gaife | Geife

Bedeutung

süddt. Stolz (hat die an Gaife)

Herkunft

hebr. גאווה, ga'awa – Stolz, גאה, ge'e – hoch, erhaben, ausgezeichnet sein

Gallach | Challach

Bedeutung

Geistlicher, Pfaffe, Pfarrer, Glatzköpfiger

Herkunft

jidd. Gallak – Tonsurträger, Geschorener

hebr. גלח – kahl machen, scheren, sich schweren, geschoren werden[61]

Gannef | Ganeff

pl. Ganofim,

Verb: ganfe, ganefenen, gannfen

Bedeutungen

Österreich: jemand, der andere betrügt und/oder schwere Straftaten begeht; jemand, der der Unterwelt angehört

Herkunft

seit dem 19. Jahrhundert bezeugt; Entlehnung aus dem Rotwelschen, wo es seit dem 18. Jahrhundert bezeugt ist, dessen Verb genffen – stehlen jedoch schon seit dem frühen 16. Jahrhundert nachweisbar ist; das rotwelsche Wort wiederum entstammt dem westjiddischen גנב, ganef – Dieb, das seinerseits auf das gleichbedeutende hebräisch גַּנָּב, gannāv zurückgeht; dasselbe Wort ergibt

---

[61] http://www.medine-schopfloch.de/Lachoudisch/lachoudisch.html
http://wiki.muenster.org/index.php/TackoPediaC.

36

aus seiner westjiddischen Pluralform גנבים, ganovim das Wort Ga-
nove.[62]

Gannew bei Achiele

Bedeutung

Essen Steele (Stadtteil der Ruhrgebietsstadt)[63]

Herkunft

hebr. גנב gannew – Dieb, אֲכִילָה, achiele – Essen

Ganove

Siehe *Ganeff*

Gauner

Bedeutungen

1) eine männliche Person, die auf Kosten eines anderen versucht,
   sich durch Betrug einen Vorteil zu verschaffen, indem die Un-
   wissenheit beziehungsweise Unaufmerksamkeit des anderen
   ausgenutzt wird

2) umgangssprachlich, im weitesten Sinne: schlauer, durchtriebener Mensch

Herkunft

seit dem 16. Jahrhundert bezeugt; mit ostmitteldeutscher Lautung
g- für j- aus älterem Joner, das im 15. Jahrhundert noch (Falsch-)
Spieler bedeutet; dazu ist ebenso das Verb junen – falsch spielen –
belegt; das Wort entstammt dem Rotwelschen, in dem es die Be-
deutungsverallgemeinerung jedoch nicht mitgemacht hat, sondern stattdessen immer auf das Kartenspiel bezogen bleibt; Joner
bedeutet vermutlich ursprünglich Grieche, so wie das französi-
sche grec auch für Falschspieler stehen konnte; das Wort wird mit
dem westjiddischen יוון, yovon – Griechenland in Verbindung ge-

---

[62] Kluge[24], S. 328.
[63] Weinberg, Werner: Die Reste des Jüdischdeutschen. Stuttgart 1969.

bracht, zu dem es ein (ר)יוון'ע, yevone(r) – Grieche – eigentlich Ionier – gegeben haben kann; dieses entspringt wiederum dem hebräischen יָוָן, jāvān – Griechenland; die genaue Herkunft ist jedoch nicht hinreichend klar.[64]

hebr. ינה, Janà – stoßen, unterdrücken, drücken, הונה, honà – bedrücken, betrügen[65]

Gebackene Lechodautis

... ist die Antwort auf die Frage, was es zum Essen gibt. Lechodautis ist entweder die lautmalerische Nachahmung des Gebetsanfangs Lechadodi – Gehe zu Gott, לֶכֶת, לָלֶכֶת – gehen, דודי, dodi – eigentlich: mein Onkel, aber auch Diminutiv für mein Gott, oder es bezieht sich auf das Lachoudische – die heilige, hebräische Sprache, Zunge. Vgl. auch das Stichwort *Loschen-haukaudesch*. In beiden Fällen handelt es sich um Abstrakta, folglich gibt es nichts Konkretes zum Essen.

Gelsentiflen

Bedeutung

Gelsenkirchen

Herkunft

hebr. תְּפִילָה, Tfila – Gebet[66]

geschiddicht | Schidduch

Bedeutung

verheiratet/Heirat, Verlobung

Herkunft

jidd. schittichen – heiraten

---

[64] Kluge[24], S. 334.

[65] Link, Paul: unveröffentlichte Wortsammlung, zu Verfügung gestellt durch Hofmann, Rainer, Schopfloch.

[66] Weinberg, Werner: Die Reste des Jüdischdeutschen. Stuttgart 1969.

Händlersprache: schidduchen

hebr. הִתְחַתֵּן hitchaten – heiratete; שַׁדְכָן, Schadachan, שידוך, Schidduch – Heiratsvermittler[67]

Geseier | Geseire | Geseier | Geseires | Gesere | Geseres | Gseires | Gseres

Bedeutung

jüd.-dt. böses Verhängnis

ugs. wehleidiges Gejammer; unnützes Gerede

Herkunft

seit dem 19. Jahrhundert bezeugt; Entlehnung über das Rotwelsche aus dem westjiddischen גזרה, gezeyre – böser Zustand, Verhängnis, Plage, Sorge; Missgeschick, Schwierigkeit; Aufwand, eigentlich Bestimmung, Verordnung; dieses entstammt wiederum dem hebräischen גְּזֵרָה, g^ezērā(h) – Gesetz, Verbot; die deutsche Bedeutung ist wohl vermittelt durch Klagen über die verhängnisvolle Lage.[68]

gewoffelt | geschöfelt

Bedeutung

gerissen, schlau, gemein, hinterhältig

siehe *schofel*[69]

---

[67] http://www.medine-schopfloch.de/Lachoudisch/lachoudisch.html.
Wolf, Siegmund: Wörterbuch des Rotwelschen, Mannheim 1956, S. 97.

[68] Kluge[24], S. 352. Duden. Das große Wörterbuch der deutschen Sprache in 8 Bänden. Band 3, Mannheim/ Leipzig/ Wien/ Zürich 1993. Althaus, Hans Peter: Kleines Lexikon deutscher Wörter Jiddischer Herkunft, München 2003, S. 85. Althaus, Hans Peter: Chuzpe, Schmus & Tacheles. Jiddische Wortgeschichten, München 2004. S. 83. Duden, Fremd[4], S. 508.

[69] http://wiki.muenster.org/index.php/TackoPediaA

Goj | Goi

Die hebräische weibliche Form für gojische Frau ist Goja (Plural: Gojot; jiddisch: Goje, Gojte; Plural: Gojes, Gojtes), die adjektivische jiddische Form ist גוייִש (gojisch). Heute wird das Wort meist als generelle Bezeichnung der Nichtisraeliten (Nichtjuden, lo-jehudim) verwendet, obwohl der Begriff auch in der ursprünglichen Bedeutung גוי - Volk, Nation gebräuchlich ist.

Im Deutschen ist die Verwendung von Goi auch in pejorativer Form bekannt.

Wenn der Ausdruck Goi von Juden auf andere Juden angewendet wird, ist dies gleichfalls ein pejorativer Hinweis auf unjüdisches Verhalten wie etwa Missachtung von jüdischen Vorschriften, auf Verhaltensweisen im Widerspruch zum traditionellen Judentum oder ein Hinweis auf lasterhaftes oder unintelligentes Verhalten: Beispielsweise bedeutet – Er hot a jidischen Kopp – (Er hat einen jüdischen Kopf, Jiddisch) – Er ist intelligent –, wobei im Gegensatz – Er hot a gojischen Kopp – (Er hat einen gojischen Kopf) für – Er ist dumm – steht.[70]

Goje | Goie | Goite

Bedeutung

nicht jüdisches Fräulein, Christin

Guije (Eichstetten) – schlampige, untreue Frau

Gelle (Hessen) – Frau[71]

Gojem

Bedeutung

Nichtjuden

Herkunft

Plural von Goj, mit hebräischer Pluralendung -im gebildet

---

[70] http://de.wikipedia.org/wiki/Goi_(Nichtjude)#cite_note-6

[71] http://deeper-thoughts.forumieren.com/t276-dolmetscher-Jiddisch
http://wiki.muenster.org/index.php/TackoPediaG.

großkotzig

Bedeutungen

salopp abwertend: in unsympathischer, abstoßender Weise groß-
sprecherisch übertreibend

Herkunft

Es gibt verschiedene Erklärungsansätze für die Herkunft dieses
Adjektivs:

Laut Kluge ist das Wort seit dem 19. Jahrhundert belegt; es gelangt
von Berlin aus in die Hochsprache und stellt einen vergröbernden
Ausdruck im Sinne von jemand, der in großen Bogen spuckt dar.

Laut Duden leitet sich das Wort vom Substantiv Großkotz ab, welches sich seinerseits von jiddisch גרויסקצין, groyskotsn – schwerrei-
cher Mann, Wichtigtuer herleitet; das zweite Element dieses Kom-
positums geht vielleicht auf hebräisch קָצִין, ḵāṣīn, –Vorsteher, Anführer, Offizier zurück; die Assoziation mit dem Verb kotzen sei
volksetymologisch motiviert.[72]

Nach Josef Stern bedeutet der jüdisch-deutsche Ausdruck kozen –
wohlhabender Mann und stammt vom hebräischen קצין, Kazin –
bibl. Oberster, heute: Offizier.[73]

gschdiechem | gschtiechem

Bedeutung

sei ruhig[74]

---

[72] Kluge[24], S. 375. Duden, Deutsches Universalwörterbuch, 6., überarbeitete
und erweiterte Auflage, Mannheim – Leipzig – Wien – Zürich 2006, S. 724. Im
Folgenden: Duden, Universal[6]. Wissenschaftlicher Rat der Dudenredaktion
(Hrsg.): Duden, Das große Wörterbuch der deutschen Sprache in zehn Bänden, 3., völlig neu bearbeitete und erweiterte Auflage, Mannheim – Leipzig –
Wien – Zürich 1999, S. 1595. Im Folgenden: Duden, GWDS[3].
מילון כיס דו לשוני עברי-גרמני גרמני-עברי כולל תעתיק תעתיק מלא / Zweisprachiges Taschenwörterbuch Deutsch-Hebräisch Hebräisch-Deutsch mit vollständiger Transliteration, Israel 2006. S. 180 (Hebräischer Teil).

[73] http://www.hagalil.com/israel/2008/judendeutsch-2.htm.

Herkunft

stikem, stikkum – still, schweigsam, heimlich

Siehe *stikum*

Gschmues siehe *Schmus*

Gschute | Schuwe | Tschuwe

Bedeutung

Antwort, Nachricht

Herkunft

jidd. Teschuwo

hebr. תשובה, Teschuva – Antwort[75]

Haberer

Bedeutungen

1) ostösterreichisch; salopp: Freund, Kumpan, Zechbruder
2) ostösterreichisch; salopp: Verehrer; Geliebter, Liebhaber
3) ostösterreichisch; salopp: Kerl, Mann, Typ
4) ostösterreichisch; salopp: Mitspieler in einer Günstlingswirtschaft

Herkunft

Entlehnung über die Gaunersprache aus jiddisch חבֿר, khaver – Freund, Kamerad, Kumpel, das seinerseits dem gleichbedeutenden

---

[74] http://www.medine-schopfloch.de/Lachoudisch/lachoudisch.html.

[75] http://deeper-thoughts.forumieren.com/t276-dolmetscher-Jiddisch
Siegmund Wolf: Wörterbuch des Rotwelschen, Mannheim 1956, S. 303.

hebräischen חָבֵר, ḥāvēr – Freund, Gefährte, Genosse entstammt; das Wort ist etymologisch verwandt mit Chawer.[76]

Hachles Bunem | hackles bunem

Bedeutung

landschaftlich: Scheinheiliger

landschaftlich: gescheit daherreden

Herkunft

jidd. להכאיס, lehaches, lehachles, zehachles – erst recht, aus Trotz

Das hat er ze hacheles getan. – Das hat er zum Trotz getan.

Oder von הכל, ha col – das Ganze

jidd. ponim, hebr. פנים, panim (nur im Pl.) – Angesicht, Gesicht, Äußeres[77]

Hakel Bakel

Bedeutung

alle Sachen, alles zusammen, Siebensachen, Kunterbunt, Krethi und Plethi

Herkunft

hebr. הכל; הכל-פקל ha col – alle; בהכל beackel, bejakkel – alles zusammen, einer wie der andere.[78]

---

[76] Vgl. Variantenwörterbuch des Deutschen – Die Standardsprache in Österreich, der Schweiz und Deutschland sowie in Liechtenstein, Luxemburg, Ostbelgien und Südtirol, Berlin/New York 2004, S. 320, im Folgenden: VWD. http://www.hagalil.com/israel/2008/judendeutsch-2.htm.

[77] http://www.medine-schopfloch.de/Lachoudisch/lachoudisch.html http://www.eichstetten.de/ortsinfo/mundart/hebr_jidd_rotwelsch.pdf Wilfried Hilgert: Mores, Zores un Maschores. Jiddisch – Hebräisch in unserer Mundart. 2. Aufl., Horrweiler 1994, S. 56.

Hals- und Beinbruch

Bedeutung

umgangssprachliche Wunschformel für das gute Gelingen eines Vorhabens mit der Bedeutung: Viel Glück!

Herkunft

Verballhornung des jiddischen Glückwunsches הצלחה און ברכה, hazlokhe un brokhe – Glück und Segen, welcher seinerseits aus dem hebräischen הַצְלָחָה וּבְרכה, haṣlāḥā(h) uvraka – Erfolg und Segen entstammt.

jdd. הצלחה וברכה Hassloche u Wroche, hebr. הצלחה וברכה Hazlacha u Wracha.

Hals- und Beinbruch ist eine Verballhornung und stammt aus dem hebräischen hazlacha uwracha – Erfolg und Segen. Dieser Glückwunsch wurde von Juden beim Abschluss eines Geschäfts in der jiddischen Form hazloche und broche ausgesprochen und von deutschsprachigen Zuhörern als Hals- und Beinbruch verstanden.[79]

hamdine | hamtine

Bedeutung

ausborgen

uf hamtine – auf Kredit

Herkunft

hebr. הַמְתָּנָה hamtana – Warten[80]

---

[78] Florence Guggenheim-Grünberg: Wörterbuch zu Surbtaler Jiddisch, Endingen 1998, S. 22. Wilfried Hilgert: Mores, Zores un Maschores. Jiddisch – Hebräisch in unserer Mundart. 2. Aufl., Horrweiler 1994, S. 67.

[79]http://de.wikipedia.org/wiki/Liste_deutscher_W%C3%B6rter_aus_dem_Heb r%C3%A4ischen#W.C3.B6rter_aus_dem_Hebr.C3.A4ischen.

[80] Florence Guggenheim-Grünberg: Wörterbuch zu Surbtaler Jiddisch, Endingen 1998, S. 22.

Hanifes

Bedeutung

Hase

Herkunft

hebr. אַרְנָב, arnav[81]

Hanue | Hanoje, Hanojess (Pl.)

Bedeutung

Freude, Annehmlichkeit, Vergnügen, Genuss

Herkunft

hebr. הֲנָאָה, ha na'a – Genuss[82]

Hiffelefuhnem | Hiffelefuhlem

Bedeutung

Nebensächlichkeit, Eitelkeit, Nichtigkeit, Unsinn

Herkunft

hebr: הכל הבל, ha kol hewel – alles ist nichtig, eitel (Eccl. I. 2.)[83]

Ische

Bedeutungen

umgangssprachlich; aus der Sicht eines Jungen, eines jungen Mannes: Mädchen, junge Frau

---

[81] http://www.medine-schopfloch.de/Lachoudisch/lachoudisch.html.

[82] http://www.medine-schopfloch.de/Lachoudisch/lachoudisch.html
Salcia Landmann: Jiddisch. Abenteuer einer Sprache. München 1964, S. 191.

[83] http://www.medine-schopfloch.de/Lachoudisch/lachoudisch.html
Salcia Landmann: Jiddisch. Abenteuer einer Sprache. München 1964, S. 192.
Sprachtabu. Zur Linguistik des Unsagbaren. Wolfgang Schulze, Sommersemester 2009, 9. Sitzung: Sprachtabu und Sondersprachen. Zit nach:
http://www.lrz.de/~wschulze/SOSE09/tabuv9.pdf.

Herkunft

Entlehnung aus dem westjiddischen אישה, ishe – weibliches Wesen; Frau, das seinerseits dem hebräischen אִשָּׁה, išā(h) – Weib, Gattin ejschess – abwertend für Weib, Ehefrau entstammt; seit dem 18. Jahrhundert ebenfalls im Rotwelschen bezeugt.[84]

Itzich | Itzig

Bedeutung

Dummkopf, Quertreiber.

Itzig steht als Personenname für:

1. einen vormals häufigen aschkenasischen Vornamen als jiddische Variante des Namens Isaak

2. veraltetes antisemitisches Kollektivum für Juden[85]

bes. in Spottversen. „I., I., Knuwelefresser (Knoblauch-), geh uf de Mart un kaf der e Messer; geh uf de Brick un schneid der e Stick, brech dei Hals un ach dei Gnick!" Hunsrück.[86]

Jajemm | Jaijem | Jojem | Jajin

Bedeutung

regional: Wein

Herkunft

hebr. יין, Jajin[87]

---

[84] Kluge, S. 447.

[85] http://de.wikipedia.org/wiki/Itzig.

[86] Rheinisches Wörterbuch. Bearb. und hrsg. von Josef Müller, ab Bd. VII von Karl Meisen, Heinrich Dittmaier und Matthias Zender. 9 Bde. Bonn und Berlin 1928-1971. In: http://urts55.uni-trier.de:8080/Projekte/WBB2009/RhWB/wbgui_py?lemid=RK00737.

[87] http://www.eichstetten.de/ortsinfo/mundart/Hebr_Jidd_rotwelsch.pdf
http://www.medine-schopfloch.de/Lachoudisch/lachoudisch.html
http://deeper-thoughts.forumieren.com/t276-dolmetscher-Jiddisch.

Jajemm Soref | Jojem Soref | Jajin-Sorof

Bedeutung

Schnaps, Branntwein

Herkunft

Varianten von *Soref* und *Majemm Soref*, siehe entsprechende Stich-worte[88]

jackeres | jiker | jauker

Bedeutung

teuer, zu teuer

rotw. joker

jidd. jakrút, jokres

hebr. יָקָר, jakar

vgl. auch die Stichwörter *Sauregurkenzeit* und *zores*[89]

jisch-kauach | Schauch | Schkoach

Bedeutung

vielen Dank, Danke

Herkunft

hebr.: יָשָׁר-כח, jischar koach – Gott möge stärken deine Kraft[90]

---

[88] http://deeper-thoughts.forumieren.com/t276-dolmetscher-Jiddisch
http://www.eichstetten.de/ortsinfo/mundart/Hebr_Jidd_rotwelsch.pdf
http://www.medine-schopfloch.de/Lachoudisch/lachoudisch.html.
[89] http://deeper-thoughts.forumieren.com/t276-dolmetscher-Jiddisch
http://www.medine-schopfloch.de/Lachoudisch/lachoudisch.html.
[90] http://deeper-thoughts.forumieren.com/t276-dolmetscher-Jiddisch
Josef Stern, Hebräisches im Deutschen. Darin: WestJiddisch? Jüdisch-Deutsches Wörterbuch. Zit. nach: http://www.hagalil.com/israel/2008/judendeutsch-2.htm.

joufn | jofe

Bedeutung

schön, gut; nordt.: jut, juten

Herkunft

jidd. jophe, hebr.: יפה jafe[91]

Joum | Jaum

Bedeutung

Tag

Herkunft

hebr. יום, jom[92] יום,

Joum kipper | Jom Kippur

(hebr. יוֹם כִּפּוּר, auch Jom ha-Kippurim יוֹם הַכִּפּוּרִים) oder Versöhnungstag ist der höchste der jüdischen Feiertage. Er wird im Herbst im September oder Oktober am 10. Tischri, dem siebten Monat des jüdischen Kalenders, als Fasttag begangen. Zusammen mit dem zehn Tage davor stattfindenden zweitägigen Neujahrsfest Rosch Haschana bildet er die Hohen Feiertage des Judentums und den Höhepunkt und Abschluss der Periode der Reue und Buße.[93]

Jouschbes | Juschbes | Hoschpes

Bedeutung

Wirt, Wirtshaus

---

[91] http://www.medine-schopfloch.de/Lachoudisch/lachoudisch.html
http://deeper-thoughts.forumieren.com/t276-dolmetscher-Jiddisch
http://wiki.muenster.org/index.php/TackoPediaI-J.

[92] http://deeper-thoughts.forumieren.com/t276-dolmetscher-Jiddisch.

[93] http://de.wikipedia.org/wiki/Jom_Kippur.

Herkunft

lat. Hospes – Wirt[94]

Juschel

Bedeutung

Bett

Herkunft

jidd. joschnen – schlafen[95]

hebr. לִישֹׁן, יָשַׁן lischon – schlafen

Kabure | Kabores | Kapores | Kapore

Bedeutungen

1) Schläge, Prügel, S'het Kabores geh.
2) kaputt, brankrott, Zerstörung, Verderben; hin, erledigt. Er isch kabores gange.
3) Sühnung, Versöhnung, Reinigung[96]
4) derb: nicht mehr am Leben seiend

Herkunft

Das Wort ist seit dem 18. Jahrhundert im Rotwelschen bezeugt, bald danach auch literarisch. Dieses stammt aus dem westjiddischen כפרות, kapores, das aus der Wendung כפרות שלאָגן, kapores shlogn herausgelöst wurde. Damit war ursprünglich das Schlachten von Hühnern als Sühne- beziehungsweise Versöhnungsopfer – hebräisch: כַּפָּרָה, kapārā(h) – Sühne beziehungsweise כַּפָּרֹות, kapārōṯ

---

[94] http://www.medine-schopfloch.de/Lachoudisch/lachoudisch.html
http://www.eichstetten.de/ortsinfo/mundart/Hebr_Jidd_rotwelsch.pdf.

[95] Wilfried Hilgert: Mores, Zores un Maschores. Jiddisch – Hebräisch in unserer Mundart. 2. Aufl., Horrweiler 1994, S. 69.

[96] http://www.eichstetten.de/ortsinfo/mundart/Hebr_Jidd_rotwelsch.pdf
Link, Paul: unveröffentlicchte Wortsammlung, zu Verfügung gestellt von Rainer Hofman, Schopfloch.

– Versöhnung – am Vorabend des Versöhnungstages gemeint. Die spätere Entwicklung ist wohl von kaputt beeinflusst.[97]

Am Jom Kippur, Versöhnungstag, wird ein Huhn über dem Kopf geschwenkt, dem die eigenen Sünden aufgeladen werden. Um sich von ihnen zu befreien, wird das Huhn anschließend geschächtet.

Kadaisemm (pl.) | kadochess

Bedeutung

arme Leute / Fieber, hitzige Krankheit, volkstümlich auch zur Bezeichnung eines großen Elends. Er hot kadochess. – Er ist blutarm.

Herkunft

hebr. קַדַּחְתְּנִי , kadachtni – fieberhaft; קדחת, kadachat – Fieber[98]

Kaff

Bedeutungen

ugs., abwertend: kleine, abgelegene, unbedeutende Ortschaft

Herkunft

Im 19. Jahrhundert aus dem Rotwelschen entlehnt, welches seinerseits dem Romani gāw – Dorf entstammt (vergleiche auch verwandte indoarische Sprachen, wie Hindi गाँव (gā:v) – Dorf, Marathi गाव (gāva) – Dorf, Nepalesisch गाउँ (gāu) – Dorf, ländliche Siedlung); jedoch ist auch ein noch älteres kefar – Dorf im Rotwelschen bezeugt, das die Lautform wohl mitbestimmt hat; dieses wiederum entstammt westjiddisch כפר, kefar, welches seinerseits althebräisch כָּפָר, kāfār – Dorf entspringt.

Das im Deutschen in manchen Regionen gebräuchliche Wort für unbedeutendes, kleines Dorf, in dem nichts los ist, kommt über das Jiddische vom althebräischen Wort כָּפָר kafar – Dorf. Im EWD

---

[97] Kluge[24], S. 469. Duden, Universal[6], S. 928.
[98] Salcia Landmann: Jiddisch. Abenteuer einer Sprache. München 1964, S. 198.

wird der Ausdruck allerdings auf zigeunerisch gaw ‚Dorf' zurückgeführt.[99]

Kaffriechem | Kaffer (Sg.) | Kaffernem (Plural)

Bedeutung

Bauer (Schimpfwort)

Herkunft

Nicht verwandt mit afrikanischen Kaffern, die mit dem spanisch-
portugiesischen cafre – Barbar nach arabisch: kafir – Ungläubiger
benannt wurden.

Nach dem Duden handelt es sich um eine Entlehnung aus dem
Englischen, in dem die älteren Formen Caffre, Caffer und Kaffer
bezeugt sind; diese entstammen letztendlich dem arabischen كافر,
kāfir – Ungläubiger.[100]

Kaffrusse

Bedeutung

schlechte Gesellschaft, Bande

Herkunft

rotw. chawwerusch, Chawrusse, chawerusche leitet sich von hebr.
חבר, Chawer – Freund ab. חברותא, Chavruta, sind zwei Menschen,
die zusammen lernen, ein Team.

vgl. heute *Kafruse* (Badisch, Pfälzisch)

---

[99] W. Pfeifer, Etymologisches Wörterbuch des Deutschen, München 1995,
S. 607 zit. nach: http://de.wiktionary.org/wiki/Kaff.

[100] http://www.medine-schopfloch.de/Lachoudisch/lachoudisch.html
http://deeper-thoughts.forumieren.com/t276-dolmetscher-Jiddisch
http://www.eichstetten.de/ortsinfo/mundart/Hebr_Jidd_rotwelsch.pdf
Duden, Fremd⁴, S. 677.

vgl. Kafrim (Hottenbach im Hunsrück) – Teilhaber, hebr.: חברים, chawerim, Freunde, Kameraden, Mitglieder.[101]

Kajes | Chajes

Bedeutung

Leben

Herkunft

hebr. חיים, Chajim[102]

Kajm | Kaim

Bedeutung

Jude

Herkunft

jidd., hebr. Chaim – jüd. Vorname

Kalljes | Kaljes (machen)

Bedeutung

Einwände machen, etw. Schlechtmachen, wenn ein Dritter einen vor dem Abschluss stehenden Handel verpfuscht, Verderben, Schande, Leid machen im Handel.

Er het mer Kaljes gemacht. – Er hat mir Schande gemacht.

---

[101] http://www.theaterverzeichnis.de/show.php?id=778&show_ref=yes&bundesland_id=10. Rudolf Post, Friedel Scheer – Nahor: Allemannisches Wörterbuch für Baden. Hrsg. vom Landesverein Badische Heimat e. V. und der Muettersproch-Gsellschaft, Verein für alemannische Sprache e. V. (Band 2 der „Schriftenreihe der Badischen Heimat"). Karlsruhe 2009. In:
http://www.scheer-nahor.de/wortlist.pdf
http://www.eichstetten.de/ortsinfo/mundart/Hebr_Jidd_rotwelsch.pdf
http://www.hagalil.com/israel/2008/judendeutsch-2.htm.
[102] http://www.hagalil.com/israel/2008/judendeutsch-2.htm.

Herkunft

jidd., hebr. קלוֹן, kalon – Schimpf, Schande, Schmach, Beschämung oder von poln. Kalac – verderben, verpfuschen.[103]

Kalf | Kalef | Challef

Bedeutung

Schächtmesser

Herkunft

jidd. chalef, hebr. חלף , chalaf [104]

Kalle

Bedeutung

Braut

Herkunft

jidd. kale, hebr. כלה, kala[105]

Kalaumes | Kalomes | Kalomes-Schmus

Bedeutung

ugs. belangloses, überflüssiges Gerede

Herkunft

seit 1870 bezeugte Entlehnung aus jiddisch חלומות, khaloymes – Nichtigkeiten; Träume; dieses entstammt seinerseits hebräisch

---

[103] http://deeper-thoughts.forumieren.com/t276-dolmetscher-Jiddisch http://www.eichstetten.de/ortsinfo/mundart/Hebr_Jidd_rotwelsch.pdf.
[104] ebenda.
[105] ebenda.

חֲלוֹמוֹת, hᵃlōmot – Träume; Träumereien, der Pluralform von חֲלוֹם, hᵃlōm – Traum.[106]

Kamime | Chamieme

Bedeutung

Hitze, Wärme

Herkunft

jidd. chamima, jebr. חום, chom – Hitze

Varianten: Chamime, Kamine (Der Lautwechsel von m zu n ist möglicherweise durch die Assoziation mit Kamin bedingt.)[107]

kapore siehe *Kabure*

Karoude siehe *Charoude*

Kassene

Bedeutung

Hochzeit

---

[106] Heinz Küpper: Illustriertes Lexikon der deutschen Umgangssprache in 8 Bänden, Stuttgart 1982–1984, S. 1402, im Folgenden zitiert: Küpper, ILDU[1982–84]. Rheinisches Wörterbuch. Bearb. und hrsg. von Josef Müller, ab Bd. VII von Karl Meisen, Heinrich Dittmaier und Matthias Zender. 9 Bde. Bonn und Berlin 1928-1971. In: http://urts55.uni-trier.de:8080/Projekte/ WBB2009/RhWB/wbgui_py?lemid=RK00737. http://www.yiddishdictionary online.com/. מילון כיס דו לשוני עברי-גרמני גרמני-עברי כולל תעתיק מלא / Zweisprachiges Taschenwörterbuch Deutsch-Hebräisch Hebräisch-Deutsch mit vollständiger Transliteration, Israel 2006. Wörterbuch der deutsch-lothringischen Mundarten. Bearb. von Michael Ferdinand Follmann. Leipzig 1909. (Quellen zur lothringischen Geschichte - Documents de l'Histoire de la Lorraine 12). In: http://woerterbuchnetz.uni-trier.de:8181/Projekte/WBB2009/LothWB/wbgui_py?lemid=CK00055 http://de.wiktionary.org/wiki/Kalaumes#cite_note-3.
[107] http://wiki.muenster.org/index.php/TackoPediaC.

Herkunft

jidd. chassene, hebr. חתונה, chatuna[108]

Kasserem | Kasser | Chaser | Chasir

Bedeutung

Schwein

Herkunft

hebr. חזיר, chasir[109]

verchasert – sich schmutzig gemacht

Kasserbosser

Bedeutung

Schweinefeisch

Herkunft

hebr. חזיר, chasir und בשר, bassar

Katzoff | Katsuff | Katzef

Bedeutung

Berufsbezeichnung; landschaftlich veraltend: jemand, der Schlachtvieh tötet, zerlegt, weiterverarbeitet und die daraus entstandenen
Fleisch- und Wurstwaren zum Verkauf anbietet

Herkunft

seit dem 18. Jahrhundert bezeugt; Entlehnung aus dem westjiddischen קצב, katsov – jüdischer Fleischer, welches seinerseits dem
hebräischen קַצָב, ḳaṣāv, kazaf – jüdischer Metzger; Schächter ent-

---

[108] http://www.eichstetten.de/ortsinfo/mundart/Hebr_Jidd_rotwelsch.pdf.
[109] http://deeper-thoughts.forumieren.com/t276-dolmetscher-Jiddisch.
http://www.medine-schopfloch.de/Lachoudisch/lachoudisch.html.
http://www.eichstetten.de/ortsinfo/mundart/Hebr_Jidd_rotwelsch.pdf.

stammt; dieses ist eine Deverbativ von קָצַב, ḳāṣav – abschneiden, zuschneiden.[110]

katzeffe

Bedeutung

schlachten

Herkunft

hebr. קָצָב, ḳaṣāv, kazaf – jüdischer Metzger; Schächter; קָצַב, ḳāṣav – abschneiden, zuschneiden

Kaudesch | Chaudesch

Bedeutung

Monat

Herkunft

hebr. חודש, chodesch[111]

Kelef | Keilef

Bedeutung

Hund

Herkunft

ugs. kleffen – bellen, jidd. kelew, hebr. כלב, clew – Hund[112]

---

[110] Kluge, S. 479. Duden, Fremd, S. 707.
http://deeper-thoughts.forumieren.com/t276-dolmetscher-Jiddisch
http://www.eichstetten.de/ortsinfo/mundart/Hebr_Jidd_rotwelsch.pdf
http://wiki.muenster.org/index.php/TackoPedia-M.
[111] http://deeper-thoughts.forumieren.com/t276-dolmetscher-Jiddisch.
[112] http://wiki.muenster.org/index.php/TackoPediaK
http://deeper-thoughts.forumieren.com/t276-dolmetscher-Jiddisch
http://www.medine-schopfloch.de/Lachoudisch/lachoudisch.html
http://www.eichstetten.de/ortsinfo/mundart/Hebr_Jidd_rotwelsch.pdf.

Ken

Bedeutung

Ja

Herkunft

hebr. כֵן, ken[113]

kess

Bedeutung

1. mittelostdeutsch:
   a) jung, hübsch und dabei unbekümmert, lebenslustig
   b) (auf nicht kränkende Weise) ein wenig vorlaut, unverschämt, respektlos
   c) (auf dreiste Weise) der aktuellen Mode entsprechend, folgend

Herkunft

seit dem 20. Jahrhundert bezeugt; aus dem Rotwelschen übernommen, wo es die Bedeutung – in Diebessachen erfahren, zuverlässig – hat; es wird vermutet, dass es von der Bezeichnung des hebräischen Buchstabens Chet ח, ḥ herrührt, da das ins Rotwelsche entlehnte westjiddische Wort חכם, khokhem – Weiser, Gelehrter – rotwelsch: kochem, gescheit – mit diesem Buchstaben anfängt.[114]

Kies

Bedeutung

ugs. Geld

Herkunft

geht auf das hebräische Wort כִּיס kiss – Tasche zurück.[115]

---

[113] http://deeper-thoughts.forumieren.com/t276-dolmetscher-Jiddisch.

[114] Kluge, S. 484.

[115] http://de.wikipedia.org/wiki/Liste_deutscher_W%C3%B6rter_aus_dem_Hebr%C3%A4ischen. vgl.: kiss: http://www.eichstetten.de/ortsinfo/mundart/Hebr_Jidd_rotwelsch.pdf.

Kina (Sg.) | **Kinnem** | **Kinnim** (Pl.)

Bedeutung

Laus, Läuse

Herkunft

hebr. כינה, kina. Bei Kinnem handelt es sich um die hebräische Pluralbildung auf – im[116]

Kippe

Bedeutung

Teilhaberschaft, Gesellschaft, Gemeinschaft. Das kann eine Handelsgemeinschaft, Schülergruppe oder verrufene Gesellschaft sein.

Kippe machen

Bedeutung

Gemeinsame Sache machen, kameradschaftlich teilen, zu gleichen Stücken teilen.

Herkunft

entweder jidd. kuppo, kippo – Kramladen, Handelsgewölbe oder kibboh – Kammer, Gemeinschaft.[117]

Kiss | Keijes

Bedeutung

Beutel, Geldbeutel

hebr. כִּיס kiss – Tasche, כִּיס עם כסף, kiss im keßef – Geldbeutel

kisseler – Taschendieb[118]

---

[116] http://www.medine-schopfloch.de/Lachoudisch/lachoudisch.html.

[117] Hans Peter Althaus: Chuzpe, Schmus & Tacheles. Jiddische Wortgeschichten, München 2004, 2. Aufl. 2006, S. 49.

[118] http://deeper-thoughts.forumieren.com/t276-dolmetscher-Jiddisch
http://www.eichstetten.de/ortsinfo/mundart/Hebr_Jidd_rotwelsch.pdf

Klafte

Bedeutung

1. Hündin
2. streitsüchtige Frau

Herkunft

hebr. כלבה, kalba, kalbata[119]

Kluft

Bedeutung

ugs. Kleidung

Herkunft

über das Rotwelsche, hebr.: קליפה, qĕlippä – Schale, Rinde.[120]

Knast

Bedeutung

ugs. Gefängnis, gerichtlich verhängte Freiheitsstrafe

Herkunft

seit dem 19. Jahrhundert bezeugt; Entlehnung über das Rotwelsche aus dem westjiddischen קנאַס, knas – Geldstrafe (vergleiche westjiddisch: קנאַסן, knasn und פֿאַרקנאַסן, farknasn, beide in der Bedeutung bestrafen); dieses entstammt wiederum dem hebräischen קְנָס, qᵉnās – Geldstrafe.[121]

Kohl

Bedeutung

ugs. Kohl reden, verkohlen, belügen, dummes Geschwätz

---

http://deeper-thoughts.forumieren.com/t276-dolmetscher-Jiddisch.

[119] http://www.hagalil.com/israel/2008/judendeutsch-2.htm.

[120] Duden: Das Herkunftswörterbuch; 3.Auflage. Mannheim, 2001.

[121] Duden, Universal, S. 969.

Herkunft

jidd. kol, hebr. קוֹל, qôl – Gerücht, Schall, Laut, Stimme, Geräusch, Donner.[122]

Kohne

Bedeutung

Käufer

Herkunft

hebr. קוֹנה, kone

koscher siehe *kouscher*

Koufes | Chauwes

Bedeutung

Schulden

Herkunft

hebr. חוב, chow – Schuld[123]

kouscher | koscher

Bedeutung

1. jüdische Religion: den jüdischen Speisegesetzen entsprechend rein und daher zum Verzehr erlaubt

2. umgangssprachlich, im übertragenen Sinne: in tadellosem Zustand; fehlerfrei; unbedenklich

---

[122] Duden: Das Herkunftswörterbuch; 3.Auflage. Mannheim, 2001.

[123] http://www.medine-schopfloch.de/Lachoudisch/lachoudisch.html.
http://deeper-thoughts.forumieren.com/t276-dolmetscher-Jiddisch.

seit dem 18. Jahrhundert bezeugt; Entlehnung aus dem westjiddischen כשר, kosher, welches seinerseits dem hebräischen כָּשֵׁר, kāšēr – in rechtem Zustand, tauglich entstammt; das Wort ist ebenfalls im Rotwelschen belegt, was jedoch, bezüglich des Deutschen, höchstens auf die übertragene Bedeutung eingewirkt hat.[124]

Kouhne[125] | Kodem[126] | Jannik[127] | Jeled, Mehrz.: Jelodim[128]

Bedeutung

Kinder, Kind

Herkunft

hebr. קטן, katan, koton – klein

hebr. ילד, jeled (Sg.), ילדים, Jeladim (Pl.)

Stieke, 's kotenche (oder 's jeled oder jelodem) – Ruhig, das Kleine (das Kind, die Kinder)[129]

koule | chaule

Bedeutung

krank

Herkunft

hebr. חולה, chole[130]

---

[124] Kluge[24], S. 530-531.

[125] Die Schopflocher Zweitsprache Lachoudisch, F.G. Medine Schopfloch e.V., Zit.: http://www.medine-schopfloch.de/Lachoudisch/lachoudisch.html.

[126] http://www.hagalil.com/israel/2008/judendeutsch-2.htm.

[127] http://www.eichstetten.de/ortsinfo/mundart/Hebr_Jidd_rotwelsch.pdf.

[128] http://deeper-thoughts.forumieren.com/t276-dolmetscher-Jiddisch.

[129] Weinberg, Werner: Die Reste des Jüdischdeutschen. Stuttgart 1969, S. 16.

[130] http://www.medine-schopfloch.de/Lachoudisch/lachoudisch.html.
http://deeper-thoughts.forumieren.com/t276-dolmetscher-Jiddisch
http://wiki.muenster.org/index.php/TackoPediaC.

Kouwess siehe *Chauwes*

Küchem | Kochemeljes | Kochemejles

Bedeutung

ein Siebengescheiter, gewiefter Kerl, Oberschlauer

in Hottembach im Hundsrück: Kochem – einer, der im Handelsgeschäft Glück hat

Herkunft

hebr. חכם, chacham – klug, kluger Mann und möglicherweise מלך, melech – König[131]

Kuhluff | Cholof | Cholew | Kolew

Bedeutung

Milch

Herkunft

hebr. חלב, chalav

Daher wahrscheinlich auch: jüd.-dt. Cheleff – Fett[132]

Kusem | Kuson | Kuusem | Chosson

Bedeutung

Bräutigam, Schatz

Herkunft

hebr. חתן, chatan[133]

---

[131] http://www.medine-schopfloch.de/Lachoudisch/lachoudisch.html
http://www.eichstetten.de/ortsinfo/mundart/Hebr_Jidd_rotwelsch.pdf
http://www.hagalil.com/israel/2008/judendeutsch-2.htm.

[132] http://deeper-thoughts.forumieren.com/t276-dolmetscher-Jiddisch.

[133] http://www.eichstetten.de/ortsinfo/mundart/Hebr_Jidd_rotwelsch.pdf
http://deeper-thoughts.forumieren.com/t276-dolmetscher-Jiddisch.

Kozen | Kuzzn | kozaun

Bedeutung

ein Reicher, reich

Herkunft

hebr. קָצִין, kazin – bibl. Oberster, heute: Offizier[134]

siehe *großkotzig*

laaf

Bedeutung

wenig, schlecht

Herkunft

law – nein nicht, nimmermehr. Die Verneinung kommt nur im talmudischen Idiom vor und entspricht dem hebr. לֹא lo.[135]

lakeche | leckechen

Bedeutung

stehlen, mitnehmen, nehmen

Herkunft

hebr. לקחת, lakachat – nehmen[136]

Laila | Lailoh

Bedeutung

Nacht

[134] http://deeper-thoughts.forumieren.com/t276-dolmetscher-Jiddisch.

[135] http://www.medine-schopfloch.de/Lachoudisch/lachoudisch.html
Landmann, Salcia: Jiddisch. Abenteuer einer Sprache. München 1964, S. 208.

[136] http://www.medine-schopfloch.de/Lachoudisch/lachoudisch.html
http://deeper-thoughts.forumieren.com/t276-dolmetscher-Jiddisch.

Herkunft

jidd. laile

hebr. לֵילָה, laila[137]

Lafaije

Bedeutung

Beerdigung

Herkunft

hebr. לוויה , lewaja – Totengeleit, Leichenbegräbnis.[138]

lau | lau lonu

Bedeutung

nicht, nein, nicht uns

Herkunft

hebr. לֹא, lo, לֹא עֲלֵינוּ, lo alinu. Lo und lau bedeuten beide nicht, lonu beinhaltet zusätzlich die Bezeichnung der 1. Pers. Pl.: אֲנַחְנוּ, anachnu[139]

Laulone

Bedeutung

Tunichtgut, untaugliches Werkzeug, nichtsnutzig

Herkunft

hebr. לֹא, lo, לֹא עֲלֵינוּ, lo aleinu[140]

---

[137] http://deeper-thoughts.forumieren.com/t276-dolmetscher-Jiddisch
http://wiki.muenster.org/index.php/TackoPediaL

[138] http://www.eichstetten.de/ortsinfo/mundart/Hebr_Jidd_rotwelsch.pdf.

[139] http://deeper-thoughts.forumieren.com/t276-dolmetscher-Jiddisch
http://wiki.muenster.org/index.php/TackoPedia-N.

[140] http://www.eichstetten.de/ortsinfo/mundart/Hebr_Jidd_rotwelsch.pdf.

lau toff

Bedeutung

Nicht gut

Herkunft

hebr. לֹא טוֹב, lo toff

Lechem

Bedeutung

Brot

Herkunft

rotw., jidd., hebr. לחם, lechem[141]

Littra | Littre

Bedeutung

Pfund

Herkunft

jidd. litra – Pfund. Im Rotw. später als dt. Liter aufgefasst, danach dann als Schnapsmaß wieder Pfund.[142]

louse | losen | lusen | laschore

Bedeutung

horchen (laschoren auch fragen)

Herkunft

Verwandt mit jidd. loschon – Sprache, Rede

Verwandt mit loschen von hebr. לשון laschon – Zunge, Sprache[143]

---

[141] http://www.eichstetten.de/ortsinfo/mundart/Hebr_Jidd_rotwelsch.pdf
http://deeper-thoughts.forumieren.com/t276-dolmetscher-Jiddisch.
[142] http://deeper-thoughts.forumieren.com/t276-dolmetscher-Jiddisch
Wolf, Siegmund: Wörterbuch des Rotwelschen, Mannheim 1956, S. 199.

Loschen

Bedeutung

Sprache

Herkunft

hebr. לשׁון laschon – Zunge, Sprache[144]

Loschen-haukaudesch

Bedeutung

Die heilige Sprache, die hebräische Sprache

Herkunft

hebr. לָשׁון, laschon – Zunge, Sprache; ה, ha oder auch hau – der, die, das; קָדוֹשׁ, kadosch – heilig[145]

machulle

Bedeutungen

1. umgangssprachlich und mundartlich: bankrott

2. mundartlich: ermüdet, erschöpft

3. mundartlich: verrückt

Herkunft

seit dem 19. Jahrhundert bezeugt; Entlehnung über das Rotwelsche – in dem die Bedeutung erschöpft seit 1812, bankrott seit 1840 (literarisch bereits seit 1835) nachweisbar ist – aus dem westjiddischen מעכולע, mekhule – Bankrott, welches auf das hebräische מְכוּלָה, m^{e}k̲ūlæ(h) – zu Ende gegangen, erledigt zurückgeführt wird; für die anderen Bedeutungen ist die Einmischung anderer Wörter,

---

[143] http://www.medine-schopfloch.de/Lachoudisch/lachoudisch.html
http://www.eichstetten.de/ortsinfo/mundart/Hebr_Jidd_rotwelsch.pdf
Wolf, Siegmund: Wörterbuch des Rotwelschen, Mannheim 1956, S. 193, 200.
[144] http://www.medine-schopfloch.de/Lachoudisch/lachoudisch.html.
[145] http://deeper-thoughts.forumieren.com/t276-dolmetscher-Jiddisch.

wie zum Beispiel des hebräischen Wortes מַחֲלָה, maḥᵃlā(h) – Krankheit, nicht ausgeschlossen.[146]

Synonym:

1. pleite

3. meschugge

machäres | mambäres

Bedeutung

schwanger

Herkunft

jidd. muberess und mepperes, hebr. מעוברת muberet[147]

Machiele

Bedeutung

Gesäß, Hintern

Herkunft

hebr. מחילה mechila – verzeiht, vergibt[148]

Machsore

Ein Machsor oder Mahzor (hebräisch מחזור – Wiederholung, Zyklus) ist ursprünglich die (alt)jiddische Bezeichnung für den Sonnen- oder Mondzyklus, seit dem 13. Jahrhundert auch für den Zyklus der besonderen jüdischen Feiertage. Im Speziellen handelt es sich um ein Gebetbuch mit ausgesuchten Gebeten und Stellen aus dem Tanach, die

---

[146] Kluge²⁴, S. 587.

[147] http://www.eichstetten.de/ortsinfo/mundart/hebr_jidd_rotwelsch.pdf

[148] http://www.medine-schopfloch.de/Lachoudisch/lachoudisch.html

zu Feiertagen vorzulesen sind (im Unterschied zu den alltäglichen Gebeten im Siddur).[149]

Macke | Mackes (Subst.), mackle | mackesen (Verb)

Bedeutung

Schlag, Schläge, schlagen, hauen

Makes und faule Fisch – doppeltes Unglück

Heutige Bedeutungen in der Umgangssprache:

1. salopp; auf Personen bezogen: sonderbare Eigenart
2. auf Gegenstände oder im übertragenen Sinne auf Personen bezogen: etwas Defektes, Schadhaftes; etwas, was die Brauchbarkeit beeinträchtigt

Herkunft

seit dem 20. Jahrhundert bezeugt; Entlehnung aus dem westjiddischen מכה, make – Fehler, Schlag, welches seinerseits dem hebräischen (ה)מַכָּ, makkā(h) – Schlag; Plage entstammt.[150]

Majemm | Maijem

Bedeutung

Wasser

Herkunft

rotw., jidd., hebr. מים, majim[151]

---

[149] http://de.wikipedia.org/wiki/Machsor.

[150] Kluge[24], S. 587. http://deeper-thoughts.forumieren.com/t276-dolmetscher-Jiddisch.

[151] http://deeper-thoughts.forumieren.com/t276-dolmetscher-Jiddisch
http://www.medine-schopfloch.de/Lachoudisch/lachoudisch.html
http://www.eichstetten.de/ortsinfo/mundart/Hebr_Jidd_rotwelsch.pdf.

Majemm Soreff | Majemm Sorrof | Majemm Zoref

Bedeutung

schlechter Schnaps, wörtlich: Wasserschnaps, wässriger Schnaps

Herkunft

rotw., jidd., hebr. מים, majim und jüd.-dt. Zoref/Soreff/Sorof – Branntwein

Siehe auch die Stichwörter *Jajemm Soref* und *Soref*

makawer

Bedeutung

schauerlich

Herkunft

hebr. מקבר mekaber – er begräbt, קבר, kever – Grab, abgeleitet von Makkabäer.[152]

Malouche | Maloche

Bedeutungen

besonders mittelwestdeutsch, salopp: körperlich harte, schwere Arbeit

Herkunft

Entlehnung über das rotwelsche Meloche, Melouche, Maloche, Maloge – Arbeit, Beschäftigung, Gewerbe, Handwerk, in dem es seit dem 18. Jahrhundert bezeugt ist, aus dem westjiddischen מלאכה, melokhe, malokhe – Arbeit; Handwerk; Kunststück, Meis-

---

[152] http://www.eichstetten.de/ortsinfo/mundart/Hebr_Jidd_rotwelsch.pdf.

terstück, das seinerseits aus dem hebräischen מְלָאכָה, m^elāḵā(h) – Arbeit entstammt; verbreitete sich von Berlin aus.[153]

Mamsebemitt

Bedeutung

Scheinheiliger (auch Christus)

Herkunft

von hebr. מַמְזֵר, mamser – Bastard, Hurenkind, uneheliches Kind, figurativ: abgefeimter, durchtriebener Mensch, Verräter, oft mit dem Zusatz: ben-hanide (ben-hanida) – in menstruis empfangener Bastard.[154]

Marramme | meramme sein

Bedeutung

Verwirrung, Betrug, betrügen

Herkunft

hebr. לרמות, leramot – betrügen, מרמה, merame – er betrügt[155]

Maschboche | Mischpoke | Mischpoche | Muschpoke

Laut dem „Variantenwörterbuch des Deutschen" sind die Varianten Mischpoke und Muschpoke einzig in Deutschland gebräuchlich; die Variante Mischpoche findet hingegen sowohl in Österreich als auch in Deutschland Verwendung.

---

[153] Kluge[24], S. 593, Althaus, Hans Peter: Zocker, Zoff & Zorres. Jiddische Wörter im Deutschen, 1. Auflage, 2002. S. 47. http://www.medine-schopfloch.de/Lachoudisch/lachoudisch.html
http://www.eichstetten.de/ortsinfo/mundart/hcbr_jidd_rotwelsch.pdf.

[154] Landmann, Salcia: Jiddisch. Abenteuer einer Sprache. München 1964, S. 213. Wolf, Siegmund A.: Wörterbuch des Rotwelschen. Deutsche Gaunersprache. Mannheim 1956, S. 206.

[155] http://deeper-thoughts.forumieren.com/t276-dolmetscher-Jiddisch.

Bedeutungen

1. salopp, abwertend:
   a) Familie, Großfamilie
   b) familienähnliche Gemeinschaft, Bande; üble Gesellschaft

Herkunft

Entlehnung über das Rotwelsche aus dem westjiddischen משפחה, mishpokhe, Familie, Sippe, Sippschaft, Verwandtschaft, welches seinerseits dem gleichbedeutenden hebräischen (ה)מִשְׁפָּחָ, mišpāḥā(h) entstammt.[156]

Maschores | Meschores

Bedeutung

Diener, Knecht, Magd

Meschores mach Wind – Diener, mach schnell.

Variante

Matschores

Herkunft

jidd. meschoress, hebr. משרת, mescharet[157]

Maschoufes | Mauschof | Mauschuf | Moschuf

Bedeutung

Dreck, Schmutz, minderwertiges Zeug, schlechte Ware, Ausschuss, schlechtes Mehl, im übertragenen Sinn auch schlechter Mensch

---

[156] Variantenwörterbuch des Deutschen - Die Standardsprache in Österreich, der Schweiz und Deutschland sowie in Liechtenstein, Luxemburg, Ostbelgien und Südtirol, 2004, S. 505. Im Folgenden VDW. Kluge[24], S. 623. Duden, Universal[6], S. 1149.

[157] http://wiki.muenster.org/index.php/TackoPediaM
http://deeper-thoughts.forumieren.com/t276-dolmetscher-Jiddisch
http://www.eichstetten.de/ortsinfo/mundart/Hebr_Jidd_rotwelsch.pdf.

Herkunft

jidd. moschef – Mist

hebr. מושב, moschaw – Sitz, bewohnter Ort. In Galizien bezeichnete man damit eine unordentliche Hauswirtschaft.[158]

maschulme | meschulmenen

Bedeutung

bezahlen

Herkunft

hebr. משלם, meschalem – er bezahlt[159]

Massematte(n) | Masematte

Bedeutung

1. Geschäft, geschäftliche Verhandlung, schlechte Geschäfte, (guter) Handel, Hausiererei
2. Einbruch, Diebstahl
3. lästige, unangenehme Sache, Prozess
4. Bezeichnung für eine Sondersprache.

En hot e Massematten gemach.

Herkunft

jidd. masso umattan – Handel

---

[158] http://www.medine-schopfloch.de/Lachoudisch/lachoudisch.html
http://deeper-thoughts.forumieren.com/t276-dolmetscher-Jiddisch
http://www.eichstetten.de/ortsinfo/mundart/Hebr_Jidd_rotwelsch.pdf
Post, Rudolf , Scheer – Nahor, Friedel: Allemannisches Wörterbuch für Baden. Hrsg. vom Landesverein Badische Heimat e. V. und der Muettersproch-Gsellschaft, Verein für alemannische Sprache e. V. (Band 2 der „Schriftenreihe der Badischen Heimat"). Karlsruhe 2009, S. 77, http://www.scheer-nahor.de/wortlist.pdf.

[159] http://www.medine-schopfloch.de/Lachoudisch/lachoudisch.html
http://deeper-thoughts.forumieren.com/t276-dolmetscher-Jiddisch.

hebr. משא ומתן massa-mattan / Massa u Mattan – Handel und Wandel, Geben und Nehmen[160]

Massik | Massig | Massick

Bedeutung

Schädling, schadenbringendes Wesen, Polizist, bösartiges Pferd, widerspenstiger Mensch

Herkunft

über das Rotw. aus dem hebr. מזיק, masik – Schädling, Dämon[161]

Masslebrouche

Bedeutung

viel Glück im Geschäft, Glück und Segen

Herkunft

jidd. הצלחה און ברכה – hazlokhe un brokhe

Siehe *Hals- und Beinbruch*[162]

Massl | Massel

Bedeutung

salopp: günstiger Zufall; unverdientes, unvorhergesehenes, überraschendes Glück

---

[160] http://www.hagalil.com/israel/2008/judendeutsch-2.htm
http://www.eichstetten.de/ortsinfo/mundart/Hebr_Jidd_rotwelsch.pdf
http://wiki.muenster.org/index.php/TackoPediaM
Digitaler Verbund von Dialektwörterbüchern, Rheinisches Wörterbuch, Pfälzisches Wörterbuch, Wörterbuch der elsässischen Mundarten. In: http://dwv.uni-trier.de/.

[161] http://www.eichstetten.de/ortsinfo/mundart/Hebr_Jidd_rotwelsch.pdf
Digitaler Verbund von Dialektwörterbüchern, Rheinisches Wörterbuch, Pfälzisches Wörterbuch, Wörterbuch der elsässischen Mundarten. In: http://dwv.uni-trier.de/.

[162] http://www.medine-schopfloch.de/Lachoudisch/lachoudisch.html.

Herkunft

seit dem 20. Jahrhundert bezeugt; Entlehnung aus dem westjiddischen מזל, mazl – Glück, welches seinerseits dem hebräischen מַזָּלוֹת, mazzālot – Geschick; (veraltet) Sternbilder, dem Plural von מַזָּל, mazzāl – Gestirn, Stern, Planet, Himmelszeichen, Glücksstern, Glück, Schicksal, entstammt.[163]

Masumme | Mesummen

Varianten: Masum, Masumm, Masummen, Masummes

Bedeutung

Geld

Herkunft

jidd. mesummonim – Bargeld, hebr. מזומן , mesuman – bar[164]

Masummen gsaaf

Bedeutung

Geldschein, Schuldschein

Herkunft

Masummen, siehe *Masumme*, hebr. מזומן, mesuman – bar; gsaaf möglicherweise von hebr. כסף, kesef – Geld. Vgl. *mooss-ehn-kessef* – Geld

Matze | Mazze

Bedeutung

ungesäuertes Fladenbrot, welches während der Passahzeit gegessen wird.

---

[163] Kluge[24], S. 602. Duden, Universal[6], S. 1119. Althaus, Hans Peter: Chuzpe, Schmus & Tacheles. Jiddische Wortgeschichten. 2., durchgesehene Auflage, München 2004. S. 69.

[164] http://www.medine-schopfloch.de/Lachoudisch/lachoudisch.html http://wiki.muenster.org/index.php/TackoPediaM. Digitaler Verbund von Dialektwörterbüchern, Pfälzisches Wörterbuch. In: http://dwv.uni-trier.de/.

Herkunft

Entlehnung aus dem gleichbedeutenden jiddischen מצה, matse, welches seinerseits dem hebräischen מַצָּה, maṣāh entstammt.[165]

mauschele | mauscheln | Gemauschel | gemauschelt

Ihr hen doch g'mauschelt – Ihr habt euch doch abgesprochen!

Was dehner wiedr mauschele – Was die wieder verabreden?

Bedeutungen

1. intransitiv; umgangssprachlich:

   a) abwertend: unter der Hand und auf undurchsichtige Art, in Abwägung der Interessen Vorteile vereinbaren; begünstigende Vereinbarungen treffen; (zumeist durch gegenseitige Absprache der Beteiligten) dunkle, unlautere Geschäfte treiben

   b) beim Spiel, zumeist einem Kartenspiel, betrügen

2. intransitiv:

   a) Jiddisch reden, sprechen

   b) sich undeutlich oder unverständlich ausdrücken

3. intransitiv:

   a) das Kartenspiel Mauscheln spielen

   b) beim Mauscheln das Spiel annehmen und sich verpflichten, mindestens zwei Stiche zu machen

Herkunft

Das Wort ist seit dem 17. Jahrhundert bezeugt.

1a) ursprünglich wie ein jüdischer Händler Geschäfte machen, zu Mauschel

1. zu Mauscheln; wohl eigentlich ein Glücksspiel spielen (und dabei betrügen)

2a, 2b) Entlehnung aus gleichbedeutend rotwelsch mauscheln, wohl nach dem für Nichtjuden unverständlichen Jiddisch;

---

[165] Vgl. Duden, Fremd⁴, S. 858.

http://www.eichstetten.de/ortsinfo/mundart/Hebr_Jidd_rotwelsch.pdf

jenes ist abgeleitet von Mausche, der jiddischen Form des biblischen Namens Mose, die als Übername der Handelsjuden gebraucht wurde.

Sinnverwandte Wörter:

- 1a) schachern
- 1a) nord- und mitteldeutsch, abwertend: kungeln; österreichisch: packeln
- 1a, 2a) veraltet: jüdeln
- 1b) mogeln, schummeln
- 2a, 2b) oberdeutsch: welschen
- 2b) grummeln, murmeln, veraltet: muscheln, nuscheln, stammeln[166]

Mazzen siehe *Matze*

mechajev

Bedeutung

schuldig

Herkunft

hebr. חייב, chajav

Mechiele

Bedeutungen

1) Vergebung, Verzeihung, Entschuldigung von machal, mochal – vergeben, verzeihen

2) Scheißloch, Gesäß, hebr. mechilà, mechilò – Höhlung von chalal, cholal – Weltraum, Vakuum. „Tritt ihm doch in die Mechiele."[167]

---

[166] Kluge[24], S. 607. Duden, Universal[6], S. 1124. Duden, Fremd[4], S. 858. http://www.eichstetten.de/ortsinfo/mundart/Hebr_Jidd_rotwelsch.pdf.

mekanne

Bedeutung

beneiden

Ich bin dir nicht mekanne – Ich beneide dich nicht darum

Herkunft

hebr. מקנא, mekane – er beneidet

Melamett

Bedeutung

Lehrer

Herkunft

hebr. מלמד, melamed – Lehrer im Cheder, er lehrt

Medine | Medineh

Bedeutung

Gegend, Land, Umgebung, Heimat, jüdische Gesellschaft

Komm mer net in mei Medine. Der muss sich in de ganz Medine auskenne.

Herkunft

jidd. medina – Land, Gerichtsbezirk; hebr. מְדִינָה, medina – Staat[168]; im Arabischen die Stadt Medina.

---

[167] Link, Paul, Professor: unveröffentliche Wortsammlung, zugänglich gemacht von Rainer Hofmann, Schopfloch. Vgl. auch: Weinberg, Werner: Die Reste des Jüdischdeutschen. Stuttgart 1969.

[168] http://www.medine-schopfloch.de/Lachoudisch/lachoudisch.html
http://deeper-thoughts.forumieren.com/t276-dolmetscher-Jiddisch
Digitaler Verbund von Dialektwörterbüchern. Pfälzisches Wörterbuch. Wörterbuch der elsässischen Mundarten. In: http://dwv.uni-trier.de/.

Menueche | Menuche

Bedeutung

Ruhe, Erholung, Bett, Beischlaf

Herkunft

jidd.: menuche, hebr. מנוחה, menucha – Stille.[169]

meschugge

Bedeutungen

1) salopp, umgangssprachlich: nicht bei Verstand; verrückt
2) salopp, umgangssprachlich: unberechenbar
3) salopp, umgangssprachlich; manchmal: albern

Herkunft

seit dem 19. Jahrhundert bezeugt; Entlehnung über das Rotwelsche aus dem westjiddischen משוגע, משגע, meshuge meshige – verrückt, überspannt, wahnsinnig, welches seinerseits auf das hebräische מְשׁוּגָע, mᵉšūgā(h), dem Hifil-Partizip beziehungsweise Derivat מְשׁוּגָע, mischūgā(h) zu dem hebräischen Verb שָׁגַע , schagā(h) – irren, sich vergehen, entstammt.[170]

Als משגע meschga findet es sich im Deuteronomium, 28. Vers 34, und wird mit wahnsinnig übersetzt.

Meschugger | Meschuggener

Bedeutung

Verrückter

---

[169] http://www.eichstetten.de/ortsinfo/mundart/Hebr_Jidd_rotwelsch.pdf.

[170] Kluge[24], S. 614. Gesenius, Wilhelm: Hebräisches und aramäisches Handwörterbuch; unveränderter Nachdruck der 1915 erschienenen 17. Auflage; Heidelberg: 1962.

mies

Bedeutungen

1) abwertend:

a) ugs. auf verdrießliche, ärgerliche, ablehnende Art und Weise schlecht; wertlos, elend, übel

b) umgangssprachlich: unter dem zu erwartenden Niveau

c) salopp: von niederer Gesinnung; gemein, niederträchtig, hinterhältig

2) ugs., im Hinblick auf die körperliche Verfassung: unwohl, übel, elend

Herkunft

im 19. Jahrhundert von Berlin aus verbreitet; entlehnt über das Rotwelsche aus dem westjiddischen מיאוס, mies, hässlich; ekelerregend; abscheulich, widerlich; dreckig, das auf das hebräische מאיס, me'is – schlecht, widerlich, verachtet, verächtlich zurückgeht; dieses ist ein passives Partizip zu dem hebräischen Verb מאס, meas – verachten.[171]

Mischpoke | Mischpoche siehe *Maschboche*

Bedeutung

Familie, Sippe, Gesellschaft, Bande

Herkunft

jidd. משפחה Mischpoche, מִשְׁפָּחָה Mischpacha[172]

Misse Meschine

Bedeutung

schrecklicher Tod

---

[171] Kluge[24], S. 618.

[172] http://de.wikipedia.org/wiki/Liste_deutscher_W%C3%B6rter_aus_dem_Hebr%C3%A4ischen.

hebr. מיתה משונה, mita-meschuna – absonderlicher Tod, als Fluch gemeint[173]

Mittes | Mitte

Bedeutung

Bett

Herkunft

hebr. מיטה, Mita[174]

Mochem | Mokoum

Bedeutung

Städtchen, Ort

Herkunft

hebr. מיקום, mikum – Ort, מקום, makom – Platz[175]

Moos | Maut

Bedeutung

Salopp: Geld

Herkunft

Entlehnung über das Rotwelsche, in dem es seit dem 18. Jahrhundert (in abweichender Form schon im 15. Jahrhundert) bezeugt ist, aus dem westjiddischen מעות, moes – Geld, das seinerseits dem he-

---

[173] http://www.eichstetten.de/ortsinfo/mundart/Hebr_Jidd_rotwelsch.pdf.

[174] http://www.medine-schopfloch.de/Lachoudisch/lachoudisch.html.
http://deeper-thoughts.forumieren.com/t276-dolmetscher-Jiddisch.

[175] http://deeper-thoughts.forumieren.com/t276-dolmetscher-Jiddisch.

bräischen מָעוֹת, māōt – Kleingeld, Münzen entstammt; wahrscheinlich ist auch Mäuse, Geld eine Entstellung aus diesem Wort.[176]

Mooss-ehn-kessef

Bedeutung

Geld

Herkunft

Mooss, siehe *Moos*, westjiddisch מעות, moes – Geld, das seinerseits dem hebräischen מָעוֹת, māōt, Kleingeld, Münzen entstammt. Kessef: hebr. כסף, kesef – Geld[177]

Naffge | Nafke

Bedeutung

Dirne, Hure, Prostituierte

Herkunft

jidd. naphko – öffentliche Dirne, nafkenen – huren, auf den Strich gehen, naphkenen – Hurerei.

aramäisch naphka

hebr. נאף, na'af – ehebrechen[178]

Nakejfe

Bedeutung

Mädchen[179]

---

[176] Kluge[24], S. 630.

[177] http://deeper-thoughts.forumieren.com/t276-dolmetscher-jiddisch.

[178] http://wiki.muenster.org/index.php/TackoPediaN. Wolf, Siegmund A.: Wörterbuch des Rotwelschen. Deutsche Gaunersprache. Mannheim 1956, S. 227.

[179] http://www.medine-schopfloch.de/Lachoudisch/lachoudisch.html

Herkunft

hebr. נקבה, nekeva – weiblich

nass

Bedeutungen

1) Gegensatz zu trocken
2) Berlinerisch: finanziell auf dem Trockenen sitzen
3) Berlinerisch: for nass, für nass, per nass – eine Leistung umsonst bekommen

Herkunft

rotw. nassen, nassenen

jidd. nossen, nossnen – geben

hebr. נתן natan – gibt, schenkt. (Ashkenazim (deutschsprachige Juden) sprechen das Wort wie naussen, nasson aus.)

Bereits im 16. Jhd. stand *nass* für liederlich, ohne Geld[180]

Nassauer | naussauern

Bedeutungen

1) Einwohner von Nassau
2) Schmarotzer, Parasit

Herkunft

1) Es gibt alternative Ansätze zur Erklärung der Etymologie des Wortes:

a) Da das Herzogtum Nassau über keine eigene Universität verfügte, schloss Herzog Wilhelm von Nassau-Weilburg am 28. Oktober 1817 einen Staatsvertrag mit dem Königreich Hannover.

Wörterbuch von Mittelfranken. Eine Bestandsaufnahme aus den Erhebungen des Sprachatlas von Mittelfraken. Zusammengestellt von Guther Schunk, Alfred Klepsch, u. a., o. O. 2000, 2. Aufl. 2001, S. 124.

[180] Althaus, Hans Peter: Chuzpe, Schmus und Tacheles. Jiddische Wortgeschichten, 1. Aufl. 2004, 2. Aufl. München 2006, S. 18.

Die Königlich Hannoversche Georg-August-Universität zu Göttingen wurde dadurch zur Nassauischen Landesuniversität. Um den Studenten einen Anreiz zur Aufnahme des Studiums im über 300 Kilometer entfernten Göttingen zu bieten, gewährte der Herzog Stipendien in Form einer kostenlosen Verköstigung. Die Stipendiaten konnten also bei einem Göttinger Vertragswirt kostenlos essen. Nutzte ein Nassauer Student dieses Angebot nicht, nahm häufig ein Fremder, Unbefugter, der sich als Nassauer ausgab, dessen Platz und das freie Mahl ein. Dadurch sind die studentischen Ausdrücke nassauern und Nassauer entstanden. Diese Begriffe beziehen sich also auf ungebetene Gäste, die auf Kosten und anstelle anderer, nämlich der Nassauer, gegessen und getrunken haben. Denn Studenten können immer noch nassauern!

b) Nach einer anderen Erklärung leitet sich das Wort Nassauer aus dem hebräischen Wort נתן natan – gibt, schenkt ab. (Ashkenazim (deutschsprachige Juden) sprechen das Wort wie naussen, nasson aus.) Es ist also eine Person gemeint, die von anderen Gaben oder Leistungen fordert, ohne dass diese Anspruch auf eine entsprechende Gegenleistung haben.

c) Einer weiteren Erklärung zufolge ist Nassauer eine (in Anlehnung an Nassau) scherzhafte Ableitung von dem umgangssprachlichen Ausdruck nass bzw. für umsonst, ohne Geld, welches wiederum aus b) entstanden sein kann.[181]

Nebbich (Adj. und Subst.)

1) armselig, nebensächlich

2) Gaunersprache: Ausruf des Bedauerns: bedauerlicherweise

3) salopp: was macht das schon, was spielt das für eine Rolle

4) salopp abwertend: jemand, der unwichtig, unbedeutend ist

5) salopp abwertend: dummes Zeug

---

[181] http://de.wiktionary.org/wiki/Nassauer. Stern, Josef: WestJiddisch? Jüdisch-Deutsches Wörterbuch. In: http://www.hagalil.com/israel/2008/judendeutsch-2.htm.

seit dem 19. Jahrhundert bezeugt; Entlehnung aus dem westjiddischen נעבעך – nebekh – armes Ding, armer Kerl; das jiddische Wort entstammt seinerseits dem polnischen nieboga beziehungsweise niebożę – armes Ding.[182]

Neschires

Bedeutung

Reichtum

Do steckt e Neschires.

Herkunft

עשירות, aschiruth - verballhornt: Reichtum[183]

Nitl | Nittelnacht | Nitel

Bedeutung

Weihnachtsfest der Christen

Herkunft

Nital, von lat. natalis – Geburt Christi, span., port. natal – Geburtstag. Der Ausdruck nitel findet sich schon bei Moses Isserles, 1520 – 1572 in Polen, belegt.[184]

---

[182] Kluge[24], S. 647. Althaus, Hans Peter: Chuzpe, Schmus & Tacheles. Jiddische Wortgeschichten, München 2004, S. 135-141.

[183] Sprichwörter und Redensarten deutsch-jüdischer Vorzeit. Als Beitrag zur Volks-, Sprach- und Sprichwörterkunde. Aufgezeichnet aus dem Munde des Volks und erläutert von Abraham Tendlau. Frankfurt a. M. 1860. Im Folgenden: (Tendlau, 195.) (Die Zahl bedeutet Nummer.) zit. nach: http://deeperthoughts.forumieren.com/ t276-dolmetscher-Jiddisch.

[184] Landmann, Salcia: Jiddisch. Abenteuer einer Sprache. München 1964, S. 225. Guggenheim-Grünberg, Florence: Wörterbuch zu Surbtaler Jiddisch, Endingen 1998, S. 31. Siegmund Wolf: Jiddisches Wörterbuch. Mannheim 1962, S. 150.

nossnen

Bedeutung

geben

Herkunft

hebräische Wurzel נתן, natan – geben. (Ashkenazim sprechen das Wort wie nasson oder naussen aus.)[185] Siehe auch *nass* und *Nassauer*

Notzer

Bedeutung

Christ

Herkunft

hebr. נוצרי, notzri

Oser | Osser

Bedeutung

Ich glaube es nicht. Beileibe nicht! Schwur der Verneinung

Herkunft

hebr. אסור, assur – verboten[186]

pattern

Bedeutung

freilassen, loswerden, entlassen, fortschicken

---

[185] http://deeper-thoughts.forumieren.com/t276-dolmetscher-Jiddisch.
[186] http://deeper-thoughts.forumieren.com/t276-dolmetscher-Jiddisch
http://www.hagalil.com/israel/2008/judendeutsch-2.htm.

jidd. pattern, Poter, potur – frei, los, freigelassen, entlassen, Poter machen – befreien, entkommen, Poter kommen – freigelassen werden.[187]

pattisch | pattersch | pattesch | patterisch

Bedeutung

schwanger, trächtig

Herkunft

Fachwort des Viehhandels. In Bauernmundarten heute noch bekannt. Vom Vieh auf den Menschen übertragen bedeutet pattersch schwanger. In dieser Weise ist es in die Gaunersprache eingegangen.

jidd. patterschen – schwängern[188]

Pfutzikappoores | futzekapore

Bedeutung

Pfui Teufel, nichts wert, wertlose Sache

Herkunft

hebr. כַּפָּרָה, kapārā(h) – Sühne; vielleicht mit futsch[189] oder futzer[190] bayrisch für Rest, Stückchen, Fädchen, Faserstückchen, Fussel, Staubpartikel und kapore (siehe *Kabure*).

---

[187] Wolf, Siegmund A.: Wörterbuch des Rotwelschen. Deutsche Gaunersprache. Mannheim 1956, S. 239.

[188] http://wiki.muenster.org/index.php/TackoPediaP-Q. Rheinisches Wörterbuch. Bearb. und hrsg. von Josef Müller, ab Bd. VII von Karl Meisen, Heinrich Dittmaier und Matthias Zender. 9 Bde. Bonn und Berlin 1928-1971. In: http://urts55.uni-trier.de:8080/Projekte/WBB2009/RhWB/wbgui_py?lemid=RK00737. Althaus, Hans Peter: Chuzpe, Schmus & Tacheles. Jiddische Wortgeschichten, München 2004, 2. Aufl. 2006. Wolf, Siegmund A.: Wörterbuch des Rotwelschen. Deutsche Gaunersprache. Mannheim 1956, S. 239.

Poschet (Sg.), **Peschitim** (Pl.), daraus entsteht gesprochen **Pschidem**

Bedeutung

Pfennig

Herkunft

jidd. poschut[191]

Rachmones

Bedeutung

Mitleid, Erbarmen

Herkunft

hebr. רחמנות, Rachmanut – Mitleid

Rebbach | Reifich | Refich | Refach

Bedeutung

ugs. (auf manipulativer Weise erzielter) überproportional hoher Gewinn bei einem Geschäft

Herkunft

seit dem 19. Jahrhundert bezeugt; Entlehnung über das Rotwelsche aus dem westjiddischen רווח – reyvakh, Zins, das seinerseits dem hebräischen רֶוַח – Gewinn, Verdienst entstammt.[192]

---

[189] Guggenheim-Grünberg, Florence: Wörterbuch zu Surbtaler Jiddisch, Endingen 1998, S. 12. Link, Paul: unveröffentlichte Wortsammlung, zu Verfügung gestellt von Rainer Hofmann, Schopfloch.

[190] Frank, Rupert: Bayrisches Wörterbuch: http://www.bayrisches-woerterbuch.de/f.html.

[191] http://wiki.muenster.org/index.php/TackoPediaP-Q http://deeper-thoughts.forumieren.com/t276-dolmetscher-Jiddisch.

[192] Kluge[24.] Duden, Universal[6], S. 1374. Duden, Fremd[4], S. 1159. http://de.wikipedia.org/wiki/Liste_deutscher_W%C3%B6rter_aus_dem_Hebr%C3%A4ischen.

Regem | Reg | Reeges

Bedeutung

Polizist, Gendarm

Herkunft

jidd. rek, Pl.: rekim – Müßiggänger[193]

Rogach

Bedeutung

Apotheker

Herkunft

hebr. רוקח, rokeach

roine

Bedeutung

sehen

Hosches geroint? – Hast du es gesehen?

Herkunft

jidd. roinen, rojenen

hebr. רָאָה, ra'ah[194]

Roof | Rohf

Bedeutung

Hunger

Herkunft

jidd. roow

---

[193] Hilgert, Wilfried: Mores, Zores un Maschores. Jiddisch – Hebräisch in unserer Mundart. 2. Aufl., Horrweiler 1994, S. 65.
[194] Ebenda S. 110.

hebr. רעב , ra'aw

varooft (Hundsrück) – verschlampt angezogen, wie ein Hungriger.
Kompositum aus ver- und hebr.: ra'aw – Hunger[195]

Rosch

Bedeutung

Kopf

Herkunft

jidd., hebr. ראש, Rosch[196]

Rosche | Roscheh

Bedeutung

Bösewicht

Herkunft

hebr. רשע, rascha – Bösewicht[197]

Rosche Schuhme siehe *Rutsch*

Rosch ha-Schana

Bedeutung

jüdische Religion: jüdisches Neujahrsfest.

Herkunft

Entlehnung aus dem gleichbedeutenden hebräischen רֹאשׁ הַשָּׁנָה, rōš
ha-šānāh, eigentlich Haupt des Jahres.[198]

---

[195] http://wiki.muenster.org/index.php/TackoPediaR
http://deeper-thoughts.forumieren.com/t276-dolmetscher-Jiddisch
http://www.hagalil.com/israel/2008/judendeutsch-2.htm.
[196] http://www.medine-schopfloch.de/Lachoudisch/lachoudisch.html
http://wiki.muenster.org/index.php/TackoPediaR
http://www.eichstetten.de/ortsinfo/mundart/Hebr_Jidd_rotwelsch.pdf.
[197] http://deeper-thoughts.forumieren.com/t276-dolmetscher-Jiddisch.

Rouches | Roches | Rochus | Roges | Rauges | Rauches

Einen Rochus auf jemanden haben – Wütend auf jemand sein

Etwas aus Rochus tun – Etwas aus Wut, Ärger, Groll tun

Bedeutung

Ärger, Wut, Zorn, Groll[199]

Herkunft

hebr. רֹגֶז, Roges – Zorn

Roufe | Raufe

Bedeutung

Arzt, Wundarzt

Herkunft

hebr. רוֹפֵא, rofe – Arzt[200]

roucheln | rouchle | s'rochnet | s'ruchelet

Bedeutung

stinken, riechen

Herkunft

jüd.-dt. reach – Geruch

Von der hebräischen Wurzel ריח, reach[201]

---

[198] Duden, Fremd⁴, S. 1194.

[199] http://wiki.muenster.org/index.php/TackoPediaR
http://deeper-thoughts.forumieren.com/t276-dolmetscher-Jiddisch
Kluge²⁴; http://www.medine-schopfloch.de/Lachoudisch/lachoudisch.html.

[200] http://wiki.muenster.org/index.php/TackoPediaR
http://deeper-thoughts.forumieren.com/t276-dolmetscher-Jiddisch
Landmann, Salcia: Jiddisch. Abenteuer einer Sprache. München 1964, S. 236.

[201] http://www.medine-schopfloch.de/Lachoudisch/lachoudisch.html
http://www.eichstetten.de/ortsinfo/mundart/Hebr_Jidd_rotwelsch.pdf
http://deeper-thoughts.forumieren.com/t276-dolmetscher-Jiddisch.

Ruech

Do henner mer awer e scheene Rech in Schdall brocht. Sagt der Bauer zum Viehhändler, von dem er ein schlecht fressendes Vieh bekommen hat.

Bedeutung

Geiziger Mensch, schwachwüchsiges Vieh

Herkunft

jidd., hebr. רוח ruach – Geist, böser Geist, der Böse[202]

Rutsch, guten Rutsch ins neue Jahr

Herkunft

Verbreitet, aber nicht unwidersprochen geblieben ist die Ansicht, dieser Ausspruch sei jiddischen Ursprungs und über die Vermittlung des Rotwelschen ins Deutsche gelangt. Ein anderer Erklärungsansatz ergibt sich durch die schon in älteren Wörterbüchern zu findende übertragene Bedeutung des Verbs rutschen als reisen und der Substantive die Rutsche und der Rutsch für das Reisen oder eine Fahrt.

Zur Herkunft aus dem Rotwelschen:

Siegmund A. Wolf gab in seinem Buch „Deutsche Gaunersprache. Wörterbuch" des Rotwelschen an, der Silvestergruß Guten Rutsch sei eine Ableitung aus dem hebräischen ראש השנה טוב – Rosch ha schana tov, wörtlich einen guten Kopf (Anfang) des Jahres; daraus sei entstellt das sonst sinnlose ‚guten Rutsch!' frohes Neujahr. Als Quelle gibt er 1956 berl. mdl. an. Da seine Quelle für Rosch ha schono – Neujahr Adolf Friedrich Thieles Werk „Die jüdischen Gauner in Deutschland, ihre Taktik, ihre Eigenthümlichkeiten und ihre Sprache" (Berlin 1840) war, das – laut Wolf selbst – „von stärkster antisemitischer Tendenz sei und vor allem rein jiddische Vokabeln enthielte", ist nicht ganz klar, welche Wörter Thiele dem „genuin Jiddischen" und welche er dem rotwelschen Sprach-

---

[202] http://www.eichstetten.de/ortsinfo/mundart/Hebr_Jidd_rotwelsch.pdf.

gut entnommen hatte. Für Wolfs Herleitung spräche allerdings, dass schon um die Mitte des 18. Jahrhunderts das jiddische rosch als Rosch für Kopf und Rusch für Commendant im Rotwelschen verbreitet waren.

Gegen Wolfs These wurden von Walter Röll im Jahr 2002 lautliche und sprachpragmatische Gründe vorgebracht. Zunächst einmal – so Röll – sei die westjiddische Benennung des jüdischen Neujahrfestes rausch haschono/-ne oder rauschaschone/-scheschone und nicht etwa rosch haschana, denn letzteres sei sephardisch und gelte als gehobener Sprachgebrauch. Zudem sei die lautliche Distanz zwischen rausch und Rutsch [...] ziemlich groß, und aus sprachhistorischen Gründen sei auch eine ältere Form des Wortes ausgeschlossen, denn „die Diphthongierung von /o:/ zu /ou/ ist [...] vor 1500 schon gesprochen worden". Ein weiterer Einwand gegen Wolf ergibt sich für Röll aus der Tatsache, dass nicht nur die Termine des christlichen und des jüdischen Neujahrsfestes nicht zusammenfallen, sondern dass auch die jiddischen Bezeichnungen für die jüdischen und christlichen Feiertage unterschiedlich seien. So sei Carl Wilhelm Friedrichs Wörterbuch „Unterricht in der Judensprache" (Prenzlau 1784) zu entnehmen, dass das Neujahr der Christen schone chadosche (wörtlich: neues Jahr) genannt wurde, das Neujahr der Juden aber rosch chaschone (der Anfang des Jahres). Auch Johann Heinrich Callenberg bezeuge in seinem „Jüdischteutschen Wörterbüchlein ..." (Halle 1736), dass der Neujahrwunsch gegenüber Christen schone chadosche (Gott verleihe dir ein gutes neues Jahr) gewesen sei, und so fragt Röll, wie im Verkehr mit Nichtjuden aus einem Wunsch zur christlichen schone chadosche ein guter Rutsch geworden sein soll.

Gemeinsam mit Simon Neuberg schlug Walter Röll ebenfalls im Jahr 2002 einen anderen Ansatz als den sprachlichen zur Klärung der Herkunft des Neujahrwunsches vor. Ausgehend davon, dass weder die Grimms in ihrem Deutschen Wörterbuch noch Daniel Sanders in seinem „Wörterbuch der deutschen Sprache" (Leipzig 1876) den Ausdruck Guten Rutsch kannten, sei mit einer Entstehung der Wendung als Neujahrsgruß womöglich erst um das Jahr 1900 zu rechnen, und möglicherweise habe zu dessen Verbreitung ein Multiplikator in Form eines Leitmediums beigetragen. Dieses

Leitmedium könnte nach Neuberg und Röll die Bildpostkarte gewesen sein, die sich um 1890/1895 zu verbreiten begann. Nach der Jahrhundertwende des 19. Jahrhunderts habe sich der Markt für „offen verschickte Glückwünsche … explosionsartig" vermehrt, und ein häufiges Motiv für Neujahrsglückwünsche sei unter anderem der Gute Rutsch gewesen. Neuberg und Röll gehen davon aus, dass bei geduldigem Suchen auch Bildpostkarten vom Beginn des 20. Jahrhunderts zu finden sein müssten, auf denen das Bildmotiv guter Rutsch auch verbalisiert ist.[203]

Satan

Bedeutungen

1) ohne Plural; biblisch: der Gegenspieler Gottes, der Teufel, der Versucher

2) umgangssprachlich abwertend; oft als Schimpfwort: boshafte Person

Herkunft

seit dem 9. Jahrhundert bezeugt; in den mittelhochdeutschen Formen satanās, satān sowie satanāt belegt, welche dem Althochdeutschen Satanās entstammen; bei dieser althochdeutschen Form handelt es sich ihrerseits um eine Entlehnung aus den kirchenlateinischen Formen satan beziehungsweise satanās, die wiederum von den neutestamentlich-griechischen Formen σατᾶν (satān) beziehungsweise σατανᾶς (satanās) übernommen wurden; die griechischen Formen wurden aus dem hebräischen שָׂטָן, śāṭān – Ankläger;

---

[203] Wolf, Siegmund A.: Deutsche Gaunersprache. Wörterbuch des Rotwelschen, unveränderter Nachdruck der 2. Auflage von 1985, Hamburg 1993, S. 269, Nummer 4633 Rosch. Roth, Hansjörg: „Guten Rutsch!" In: Jiddistik Mitteilungen Nr. 28/November 2002, S. 12–15. Röll, Walter: Guten Rutsch? In: Jiddistik Mitteilungen Nr. 27/April 2002, S. 14–16. Neuberg, Simon, Röll, Walter: Anmerkungen zum „Guten Rutsch"; in: Jiddistik Mitteilungen Nr. 28/November 2002, S. 16–19. Neuberg, Simon, Röll, Walter: Anmerkungen zum „Guten Rutsch"; in: Jiddistik Mitteilungen Nr. 28/November 2002, S. 16–19 mit einem Zitat der Internetseite Die Geschichte der offenen Postkarte.
Zit nach: http://de.wikipedia.org/wiki/Guter_Rutsch.

Widersacher, Feind (Gottes); böser Engel entlehnt, welches seinerseits ein Deverbativ von שׂטן, śāṭan – nachstellen, verfolgen ist.[204]

Schabbes | Schawes | Schabbat | Shabbat | Sabbat

Bedeutung

letzter und heiliger Tag in der Woche bei der jüdischen Glaubens-
gemeinschaft (im Wesentlichen der Samstag)

Herkunft

seit dem 13. Jahrhundert bezeugt; im Mittelhochdeutschen *sabbat*
belegt; diese geht auf eine Entlehnung aus den lateinischen Wör-
tern sabbatum, sabbata zurück, die ihrerseits dem neutestament-
lichen griechischen sábbaton entstammen, welches wiederum dem
Hebräischen שַׁבָּת, šabāṯ – Ruhepause; Ruhetag, ein Deverbativ von
שָׁבַת, šāvaṯ – aufhören, etwas zu tun; ruhen, entspringt; die echt
jiddische Form ist als Schabbes – Sabbat; Samstag ins Deutsche gelangt; eine alte Variante hat zu dem Wort Samstag geführt.[205]

Schabbesdeckel | Schawesdeckel

Bedeutung

eleganter Hut, Sonntagszylinder. Bis in die sechziger Jahre hinein
gingen nicht nur Juden mit Hut zur Kirche.[206]

Schabbesgoj | Schawesgoj

Bedeutungen

Nichtjude, der am Schabbat jene Tätigkeiten ausführt, die dem Juden aufgrund der religiösen Gesetze verboten sind. Zum Beispiel
den Lichtschalter betätigen.

---

[204] Kluge[24], S. 785. Duden, Fremd[4], S. 1211. Duden, Universal[6], S. 1434.
[205] Kluge[24], S. 778. Duden, Fremd[4], S. 1200.
[206] http://www.eichstetten.de/ortsinfo/mundart/Hebr_Jidd_rotwelsch.pdf.

Als Schabbesgoi, Shabbesgoi oder auf Deutsch auch Sabbat-Goi wird eine nichtjüdische Hilfskraft bezeichnet, die für einen jüdischen Haushalt während des Sabbats untersagte Arbeiten ausführt.[207]

schachern | Schacher

Bedeutungen

abwertend: in Abwägung gewinnsüchtiger Interessen sowie dem kleinlichen, hartnäckigen Streben nach dem größtmöglichen Vorteil, Preise beziehungsweise geschäftliche Abmachungen unlauter vereinbaren.

Herkunft

seit dem 17. Jahrhundert bezeugt; Entlehnung über das Rotwelsche (bezeugt ist socher – herumziehender Kaufmann) aus dem westjiddischen שאַכערן sachern – Handel treiben; dieses wiederum geht auf die hebräische Wurzel שׂכר sḥr – Handel, Lohn zurück; die lautliche Entwicklung wurde von dem Wort Schächer beeinflusst, mit dem es volksetymologisch in Verbindung gebracht wurde.[208]

Schächde | schächten | schechten | schochern | schogern | Schächter

Bedeutung

transitiv: entsprechend religiöser Vorschrift (rituell oder ritualisiert) schlachten, wobei dem Schlachtvieh der Hals aufgeschnitten wird, um es ausbluten zu lassen.

Herkunft

seit dem 17. Jahrhundert bezeugt; zugrunde liegt die hebräische Wurzel שָׁחַט, schachat – schlachten, wobei der Gleichklang von Schläch-

---

[207] http://de.wikipedia.org/wiki/Goi_(Nichtjude)#cite_note-6.
http://www.eichstetten.de/ortsinfo/mundart/Hebr_Jidd_rotwelsch.pdf.
[208] Kluge[24], S. 789-790. http://de.wikipedia.org/wiki/Liste_deutscher_W%C3%B6rter_aus_dem_Hebr%C3%A4ischen.

ter und Schächter wohl die Umlautform schächten durchgesetztt hat.[209]

schäffti

Bedeutung

geh fort, beeil dich

Herkunft

aus dem Rotwelschen und der Handelssprache schäffen, scheffen – gehen, sein, machen[210]

schäkern | Schäker(er)

Bedeutungen

1) mit jemandem neckisch spaßen
2) auf spaßige, neckische Weise flirten

Herkunft

seit dem 18. Jahrhundert bezeugt; vielleicht dem westjiddischen Wort חק, חיק, chek – Busen, Schoß zugehörig, jedoch ist im Jiddischen kein Verb belegt; das jiddische Wort entstammt seinerseits dem hebräischen חֵ(י)ק, ḥē(i)k, – Schoß.[211]

---

[209] Kluge[24], S. 790. http://de.wikipedia.org/wiki/Liste_deutscher_W%C3%B6rter_aus_dem_Hebr%C3%A4ischen. http://www.eichstetten.de/ortsinfo/mundart/Hebr_Jidd_rotwelsch.pdf.

[210] Sprachtabu. Zur Linguistik des Unsagbaren. Wolfgang Schulze, Sommersemester 2009, 9. Sitzung: Sprachtabu und Sondersprachen. Zit nach: http://www.lrz.de/~wschulze/SOSE09/tabuv9.pdf. Hilgert, Wilfried: Mores, Zores un Maschores. Jiddisch – Hebräisch in unserer Mundart. 2. Aufl., Horrweiler 1994, S. 55. Pfälzisches Wörterbuch. Begründet von Ernst Christmann. Fortgef. von Julius Krämer. Bearb. von Rudolf Post. Unter Mitarb. von Sigrid Bingenheimer. 6 Bde. und ein Beiheft. Stuttgart 1965-1998. In: http://dwv.uni-trier.de/WBB2009/PfWB/wbgui_py?lemid=PA00001.

[211] Kluge[24], S. 791.

Schamboles

Bedeutung

Gewinn, Anteil an der Diebesbeute, Makler

Herkunft

jidd. schibboles – Kornähre

hebr. שִׁבֹּלֶת, schibboleth – Ähre, Erkennungszeichen, Losungswort (biblisch)[212]

schassgenne | schassgene | schasskenen

Bedeutung

viel Alkohol trinken, bechern

harwe schassgene – viel trinken

Herkunft

hebr. לשתות, שתה, lischtot, schata – trinken, er trank[213]

Schemm

Bedeutungen

1) ugs. Gefängnisgenosse

2) ugs. jemand, der zusammen mit jemand anderem eine Straftat begangen hat

Herkunft

seit 1750 in der 1. Bedeutung und seit 1920 in der 2. Bedeutung bezeugt; Entlehnung über das Rotwelsche aus jiddisch שם, shem –

---

[212] Hilgert, Wilfried: Mores, Zores un Maschores. Jiddisch – Hebräisch in unserer Mundart. 2. Aufl., Horrweiler 1994, S. 87.

[213] http://deeper-thoughts.forumieren.com/t276-dolmetscher-Jiddisch
http://www.medine-schopfloch.de/Lachoudisch/lachoudisch.html.

Name; Leumund, Ruf, welches seinerseits hebräisch שֵׁם, šēm – Name entstammt.[214]

schicker (Adj.), schickern (Verb)

Bedeutung

nord- und mittelwestdeutsch, umgangssprachlich veraltend: sich durch den Konsum von Alkohol in einem (leichten) Rauschzustand befindend

Herkunft

seit dem 19. Jahrhundert bezeugt; das Wort ist sowohl im westjiddischen שיכור, shiker – betrunken als auch im Rotwelschen nachweisbar und geht auf das hebräische שִׁכּוֹר, šikōr – betrunken zurück; es ist wahrscheinlich direkt aus dem Jiddischen in die deutschen Mundarten gelangt.[215]

Schickse

Bedeutungen

jiddisch שיקסע schikse f, שיקסעס schikses Pl. von hebräisch šeqeẓ – Unreines, Abscheu ist ein jiddisches Schimpfwort, das über das Rotwelsche Eingang in die deutsche Sprache gefunden hat, und das als abfällige Bezeichnung für ein Mädchen, Flittchen gebraucht wurde.

Das männliche Gegenstück der Schickse ist im Jiddischen der Schegez (jiddisch שייגעץ schejgez, שקצים schkozim Pl., shkotsim).

---

[214] Küpper, ILDU[1982–84], S. 2452. Birnbaum, Salomo A.: Grammatik der Jiddischen Sprache. Mit einem Wörterbuch und Lesestücken, 3., ergänzte Auflage, Hamburg 1979, S. 172. מילון כיס דו לשוני עברי-גרמני גרמני-עברי כולל תעתיק מלא / Zweisprachiges Taschenwörterbuch Deutsch-Hebräisch Hebräisch-Deutsch mit vollständiger Transliteration, Israel 2006, S. 192 (Hebräischer Teil).
[215] Kluge[24], S. 801.

Etymologie und Bedeutungen

Im engen jiddischen Sprachgebrauch bezeichnet Schickse abfällig ein nichtjüdisches (gojisches), meist christliches Mädchen. Wenn man impliziert, dass ein observanter Jude nur eine Jüdin heiraten darf, ist eine Schickse also ein nichtjüdisches Mädchen, mit dem ein „guter Jude" zwar ausgehen darf, das für Heirat und Familiengründung aber nicht in Frage kommt. Daraus entwickelten sich im Laufe der Zeit die negativen Konnotationen einer zu grell geschminkten, zu aufreizend gekleideten und sexuell zu freizügigen jungen Frau.

Volksetymologien

Im Deutschen wird das Wort gelegentlich volksetymologisch von schick (chic) abgeleitet, demnach wäre eine Schickse also eine Frau, die übertrieben schick aufgemacht ist. Eine weitere falsche Herleitung kommt von „angeschickert", also ein leicht angetrunkenes und somit enthemmtes Mädchen. Da Schickse früher auch eine abfällige Bezeichnung für ein Dienstmädchen war, leitet eine weitere Volksetymologie den Begriff von Schick se (Schicke sie) her demnach wäre eine Schickse also ein Dienstmädchen, das man lästige Botengänge erledigen lässt.[216]

Nach Meir Schwarz handelt es sich nicht um ein Schimpfwort, sondern um die Bezeichnung für das nichtjüdische Hausmädchen. Folglich höchstens abwertend gemeint. Diese Hausmädchen waren eines der Gesprächsthemen der großbürgerlichen Damen, wenn sie sich trafen. Diese Mädchen waren häufig vom Land zugezogen, wo sie auf den Höfen keinen Unterhalt als Mägde mehr fanden oder Töchter von Mägden waren.

Nach Ester Golan, die aus Glogau stammt, kommt die Benennung Schickse von schick se, also schick sie weg. Die Mägde oder Töchter von Mägden, die auf dem Land keine Anstellung fanden, wurden von Großbürgern als Hausmädchen gehalten. Wurden sie vom Hausherrn oder seinen Söhnen geschwängert, sagte man Schick se weg. War man wohlwollend, wurden sie mithilfe eines großzügigen Brautgeschenkes an einen wohl meist jungen, armen Goj verheiratet.

---

[216] Duden, das große Fremdwörterbuch; Mannheim & Leipzig, 2000.

Schiene

Bedeutung

Die Polizei

Herkunft

hebr. שִׂנְאָה, sina – Hass[217]

Schlachmones

Bedeutung

Purimgeschenke

Nach Purim kommen die Schlachmones – Die Geschenke kommen zu spät. Zum Purimfest werden Geschenke verschickt.

שִׁלֵּחַ, schileach – schickt weg, שלח, schlach – schicken, und מתנות, Matanot – Geschenke

Das jüdische Purimfest (פורים Purim von hebräisch פּוּר, Pur, Los, ursprünglich vom akkadischen Wort pūru; jiddisch Purim oder Pirem) wird am 14. (in Städten, die zur Zeit des Propheten Josua eine feste Stadtmauer hatten – heute gilt dies nur für Jerusalem – am 15.) des Monats Adar (Februar/März) des jüdischen Kalenders gefeiert. Es ist auch bekannt unter dem Namen Schuschan Purim oder Purim der Städte. In jüdischen Schaltjahren wird der Adar verdoppelt; Purim findet in diesem Fall im zweiten Adar statt.[218]

Schlamassel

Bedeutung

ugs. schwierige, ausweglos scheinende Situation, in die jemand wegen eines Missgeschicks gerät; im weitesten Sinne: hinderliche Umstände; Unglück

---

[217] Sprachtabu. Zur Linguistik des Unsagbaren. Wolfgang Schulze, Sommersemester 2009, 9. Sitzung: Sprachtabu und Sondersprachen. Zit nach: http://www.lrz.de/~wschulze/SOSE09/tabuv9.pdf.

[218] http://de.wikipedia.org/wiki/Purim.

seit dem 18. Jahrhundert bezeugt; Entlehnung über das Rotwelsche aus dem westjiddischen שלימזל, shlimazl – Pech, Unglück; Missgeschick, dessen Herkunft nicht ausreichend geklärt ist; im zweiten Wortglied findet sich höchstwahrscheinlich das westjiddische מזל, mazl – Glück; Geschick (siehe hierzu *Massel*), das erste Glied könnte zum Neuhochdeutschen schlimm oder aber zur hebräischen Verneinungspartikel שֶׁל(א) gehören.[219]

Schlemihl | Schlomihl

Bedeutungen

1) bildungssprachlich: jemand, dem (durch seine Einfältigkeit) nichts gelingt
2) landschaftlich umgangssprachlich: jemand, der auf listige und durchtriebene Weise seine Ziele verfolgt; gerissener Mensch

Herkunft

Bei dem Wort handelt es sich um eine Entlehnung aus dem jiddischen שלימיל, shlimil – ungeschickte Person, unschuldiges Opfer von Streichen. Die weitere Herkunft ist umstritten.

Laut Kluge und dem Duden Fremdwörterbuch ist שלימיל, shlimil die jiddische Entsprechung des in der Bibel erwähnten (Numeri 1,6) simeonitischen Häuptlings Shelumiel, hebräisch: שְׁלֻמִיאֵל, der in der talmudischen Tradition gleichgesetzt wird mit Simri, welcher gegen das Gebot Gottes mit der Midianitin Kosbi verkehrte und deshalb von dem Zeloten Pinehas erstochen wurde. Warum der Name im Deutschen die besondere Bedeutung bekam, ist umstritten. Vermutlich hängt sie mit der Geschichte eines Juden namens Schlemihl im 13. Jahrhundert zusammen, dessen Frau nach 11 Monaten seiner Abwesenheit ein Kind bekam, und dem eingeredet wurde, er sei der Vater. Bekannt wurde die Figur dann durch die Märchenerzählung »Peter Schlemihls wundersame Geschichte« von Adelbert von Chamisso. Ebenso ist es jedoch denkbar, dass

---

[219] Duden, Universal[6], S. 1466. Kluge[24], S. 806.

der hebräische Name als שְׁלֹמוֹ, sche lo mo – der nichts taugt gedeutet wurde.

Laut dem Duden Universalwörterbuch geht das jiddische Wort auf den hebräischen Begriff שֶׁלֶם, schilim – Opfer, Dankopfer, Schlachtopfer zurück.[220]

Schliech | Schliach

Bedeutung

Schlitzohr, Tagedieb

Herkunft

jidd., hebr. שליח , schaliach – Bote[221]

Schloume

Bedeutungen

1) Spitzname für Juden
2) Schlaumeier

Herkunft

hebr. סאלומון, Salomon[222]

Schmier

Bedeutungen

1) hochsprachlich: Wagenschmiere, Maschinenfett
2) landschaftlich: Polizei

Pass auf, dass de d' Schmier ned dawischt.

Mer verdufte, d' Schmier kunnt.

---

[220] Duden, Universal[6], S. 1468. Kluge[24], S. 808. Duden, Fremd[4], S. 1218.

[221] http://deeper-thoughts.forumieren.com/t276-dolmetscher-Jiddisch

[222] Hunsrücker Platt: http://www.hundemer-platt.de/HP/Sch.html.

hebr. שְׁמִירָה, schmira – Wache, Bewachung[223]

Schmiere stehen

Bedeutung

Wache stehen beim Einbruch

Herkunft

seit dem 18. Jahrhundert bezeugt; Entlehnung über das Rotwelsche aus dem westjiddischen שמיר, shmir – Bewachung, das seinerseits dem hebräischen שמיר(ה), šᵉmirā(h) – Wache entstammt.[224]

schmoren

Bedeutungen

1) hochdt. Mit wenig Wasser Fleisch garen
2) ugs. Metapher: jemanden schmoren lassen – jemanden warten oder anderweitig leiden lassen
3) Landschaftlich: einen trinken, einen heben

beschmort – betrunken. Schmorbruder – Saufbruder, Schmorer – Trinker, Beschmortheit – Betrunkenheit.

Herkunft

Zu 3) jidd. schmorem – starker Wein[225]

Schmu

Bedeutungen

ugs. etwas nicht ganz Korrektes; verhältnismäßig harmlose Schwindelei; leichter, kleiner Betrug

---

[223] http://www.eichstetten.de/ortsinfo/mundart/Hebr_Jidd_rotwelsch.pdf. http://de.wiktionary.org/wiki/Schmier. Frank, Rupert: Bayrisches Wörterbuch. In: http://www.bayrisches-woerterbuch.de/s.html.

[224] Kluge[24], S. 815.

[225] Wolf, Siegmund A.: Wörterbuch des Rotwelschen. Deutsche Gaunersprache. Mannheim 1956, S. 291.

Herkunft

seit dem 18. Jahrhundert bezeugt; es wird vermutet, dass das Wort über das Rotwelsche aus dem Westjiddischen entlehnt wurde; das genaue Vorbild bleibt jedoch unklar; das Wort Schmus wird als ein möglicher Ausgangspunkt gehalten (siehe hierzu auch: *Schmuser* – männliche Person, die bei einem Ladendiebstahl den Inhaber durch Reden ablenkt).[226]

Schmus

Bedeutungen

umgangssprachlich:

a) mit vielen (überflüssigen) Worten verbundenes Gehabe

b) Schmeichlerei

c) unnötiges, sinnloses Reden

Herkunft

Entlehnung aus dem westjiddischen שמועס, shmues – Gespräch, Unterhaltung, Plauderei, Gerede, welches seinerseits auf hebräisch שְׁמוּעוֹת, šᵉmūōt (Pl.) – Gerüchte; Klatsch, Tratsch zurückgeht; zudem wird vermutet, dass der Singular des Wortes in Schmu übernommen ist.[227]

schmusen

Bedeutungen

1) immerfort handeln u. seine Ware durch Anpreisen, vieles Schwätzen loszubringen suchen; bei einem Viehhandel den Vermittler spielen u. dabei etwas verdienen, allg. den Unterhändler spielen, von Juden u. Andern. Gegen Entgelt vermitteln, makeln.

---

[226] Kluge²⁴. Althaus, Hans Peter: Kleines Lexikon deutscher Wörter Jiddischer Herkunft. München 2003, S. 188.

[227] Zit. nach wictionary, vgl.: Kluge²⁴, S. 816.

2) leise verhandeln, heimlich tun, tuscheln, nicht nur beim Handel

3) schön reden, zu Gefallen r., loben, um etwas zu erreichen, seine wahre Meinung u. Absicht zu verbergen; untertänig, kriechend zu einem Vorgesetzten reden, um seine Gunst zu erwerben; schmeicheln, von Kindern, Frauen; bei den Mädchen schön tun, mit ihnen schäkern, tändeln, viel sprechen (tadelnd), gemütlich, angenehm, einschmeichelnd plaudern, erzählen (lobend)

4) erzählen, plaudern, viel und lange reden, schwätzen

Herkunft

rotw. schmus – Erzählung

jiddd. schmuo – Gerücht, Erzählung, Gehörtes[228]

Schmuser

Bedeutungen

1) landschaftlich: Schönredner

2) landschaftlich: Heiratsvermittler, Vermittler[229]

Herkunft

Siehe *Schmu* und *Schmus*

---

[228] http://wiki.muenster.org/index.php/TackoPediaS. http://de.wikipedia.org/wiki/Liste_deutscher_W%C3%B6rter_aus_dem_Hebr%C3%A4ischen Wörterbuch der elsässischen Mundarten. Bearb. von Ernst Martin und Hans Lienhart. 2 Bde. Straßburg 1899-1907. In: http://dwv.uni-trier.de/WBB 2009/ElsWB/wbgui_py?lemid=EA00001. Rheinisches Wörterbuch. Bearb. und hrsg. von Josef Müller, ab Bd. VII von Karl Meisen, Heinrich Dittmaier und Matthias Zender. 9 Bde. Bonn und Berlin 1928-1971. In: http://urts55.uni-trier.de:8080/Projekte/WBB2009/RhWB/ wbgui_py?lemid=RK00737. Pfälzisches Wörterbuch. Begründet von Ernst Christmann. Fortgef. von Julius Krämer. Bearb. von Rudolf Post. Unter Mitarb. von Sigrid Bingenheimer. 6 Bde. und ein Beiheft. Stuttgart 1965-1998. In: http://dwv.uni-trier.de/WBB2009/PfWB/wbgui_py?lemid=PA00001.

[229] http://www.hundemer-platt.de/HP/Sch.html. http://www.bayrisches-woerterbuch.de/s.html.

Schmusjude

Bedeutungen

1) J., der beim Viehhandel den Makler spielt.

2) verächtl. ein vermögender Geschäftsmann, der seinen Vorteil in unredlicher Weise zu erhaschen sucht[230]

Herkunft

siehe *Schmu, Schmus, schmusen*

Schnorrer | schnorren

Bedeutung

Bettler, betteln

Herkunft

jidd. שנאָרער – Schnorrer. Da Bettelmusikanten oft mit Lärminstrumenten wie der Schnarre durch die Lande zogen, wurde die jiddische Nebenform Schnorre des Instrumentennamens auf die Musikanten übertragen.[231]

schofel siehe *schoufl*

Schoggle Majem | Schoggemajem | schocher Majim | Schachermajem

Bedeutung

Kaffee, wörtlich: schwarzes Wasser

---

[230] Rheinisches Wörterbuch. Bearb. und hrsg. von Josef Müller, ab Bd. VII von Karl Meisen, Heinrich Dittmaier und Matthias Zender. 9 Bde. Bonn und Berlin 1928-1971. In: http://urts55.uni-trier.de:8080/Projekte/WBB2009/RhWB/wbgui_py?lemid=RK00737.

[231] Duden: Das Herkunftswörterbuch; 3.Auflage. Mannheim, 2001 http://deeper-thoughts.forumieren.com/t276-dolmetscher-Jiddisch.

Kompositum aus hebr. שָׁחֹר, schachor – schwarz und hebr. מַיִם, majim – Wasser[232]

Schonou | Schonoh

Bedeutung

Jahr

Herkunft

hebr. שָׁנָה, schana[233]

Schor | Schorem | Schaur

Bedeutung

Ochse

Herkunft

hebr. שׁוּר, schor[234]

Schores | sore

Bedeutungen

Gaunersprache: das durch einen Dieb erbeutete Gut

Herkunft

Entlehnung über das jiddische סחורה, skhoyre – Gut, Handels-
artikel, Produkt, Ware aus dem hebräischen סְחוֹרָה, sᵉḥorāh –
Ware.[235]

---

[232] http://www.medine-schopfloch.de/Lachoudisch/lachoudisch.html
http://deeper-thoughts.forumieren.com/t276-dolmetscher-Jiddisch
http://www.hagalil.com/israel/2008/judendeutsch-2.htm.

[233] http://deeper-thoughts.forumieren.com/t276-dolmetscher-Jiddisch

[234] http://deeper-thoughts.forumieren.com/t276-dolmetscher-Jiddisch
http://www.eichstetten.de/ortsinfo/mundart/Hebr_Jidd_rotwelsch.pdf.

Schoude | Schaute | Schote

Beisp.: Weibsleutsschote

Bedeutung

salopp: törichter, einfältiger Mensch, Narr

Herkunft

Entlehnung über die Gaunersprache aus westjiddisch שוטה, shote – Narr, das seinerseits dem hebräischen שֹׁטֶה, šōtæ(h) – Narr entstammt.[236]

Schoufett | Schaufet

Bedeutungen

1) landschaftlich: Bürgermeister
2) landschaftlich. Richter[237]

Herkunft

hebr. שׁוֹפֵט, schofet – Richter

schoufl | schofel

Bedeutungen

1) ugs. abwertend: in empörender, verachtenswürdiger oder ähnlicher Art und Weise böse, minderwertig, niederträchtig, schäbig, gemein

---

[235] Duden, Fremd[4], S. 1262. Vgl.: Rheinisches Wörterbuch. Bearb. und hrsg. von Josef Müller, ab Bd. VII von Karl Meisen, Heinrich Dittmaier und Matthias Zender. 9 Bde. Bonn und Berlin 1928-1971. In: http://urts55.uni-trier.de:8080/Projekte/WBB2009/ RhWB/wbgui_py?lemid=RK00737.

[236] Duden, Universal[6], S. 1490. Kluge[24], S. 796. Wissenschaftlicher Rat der Dudenredaktion (Hrsg.): Duden, Das große Wörterbuch der deutschen Sprache. In zehn Bänden. 3. Auflage, Mannheim/Leipzig/Wien/Zürich 1999, S. 3431.
http://deeper-thoughts.forumieren.com/t276-dolmetscher-Jiddisch
http://wiki.muenster.org/index.php/TackoPediaS.

[237] http://www.medine-schopfloch.de/Lachoudisch/lachoudisch.html
http://deeper-thoughts.forumieren.com/t276-dolmetscher-Jiddisch.

2) ugs. abwertend: in beschämender Weise kleinlich, geizig

Adj.: schofelig, schoflig. Er verhält sich schofelig.

Herkunft

seit dem 18. Jahrhundert bezeugt; Entlehnung über das Rotwelsche aus dem westjiddischen שפֿל, shofl – niedrig, gemein; lumpig, welches seinerseits dem hebräischen שָׁפָל, šāfāl – niedrig; lumpig, wertlos; gemein entstammt.[238]

Schtuss

Bedeutungen

ugs. abwertend: etwas, das (ärgerlicherweise) unsinnig geäußert oder getan wurde; etwas Unsinniges, Sinnloses, Törichtes

Herkunft

Entlehnung über das Rotwelsche aus dem westjiddischen שטות, shtus – dummes Zeug, welches seinerseits dem hebräischen שְׁטוּת, šᵉṭūṯ – Irrsinn, Narrheit entstammt.[239]

Schuck

Bedeutungen

1) Mark (frühere deutsche Währung)

2) Markt[240]

Herkunft

hebr. שׁוּק, schuk, arabisch Suk – Markt

---

[238] Kluge[24], S. 822. Duden, Fremd[4], S. 1218.

http://www.hagalil.com/israel/2008/judendeutsch-2.htm

http://de.wikipedia.org/wiki/Liste_deutscher_W%C3%B6rter_aus_dem_Hebr%C3%A4ischen.

[239] Kluge[24], Seite 895.

[240] http://www.medine-schopfloch.de/Lachoudisch/lachoudisch.html
http://www.eichstetten.de/ortsinfo/mundart/Hebr_Jidd_rotwelsch.pdf
http://deeper-thoughts.forumieren.com/t276-dolmetscher-Jiddisch
http://wiki.muenster.org/index.php/TackoPediaS.

Schulem

Bedeutung

Schluss[241]

Herkunft

hebr. לְשַׁלֵּם, leschalem – bezahlen, Wurzel: שלם

Schumm | Schummen | Schomen | Schumbe

Bedeutung

Öl, Fett, dick, fett, Ackerland, Erdschollen

Herkunft

jidd. schomen – Fett

hebr. שומן, schuman – Fett[242]

schummeln | beschummeln

Bedeutung

betrügen

Herkunft

(18. Jh.). Herkunft ungeklärt. WOLF Rotw. 302 erwägt Herleitung aus zigeunerisch chin(d)av – scheißen, betrügen – über rotw. beschunden – betrügen, beschundlen – bescheißen, verunreinigen, betrügen, anführen. Andere sehen in frühnhd. umbschümmeln – taumeln, umstürzen (16. Jh.), sich schummeln – sich davonmachen (17. Jh.), schummeln – eilig etw. tun, z. B. Küchenarbeit verrichten (Anfang 18. Jh.), nd. schummeln – schlotterig einhergehen, scheuern, reinigen, fegen (18. Jh.), mnl. scommelen, nl. schommelen, nhd. schummeln – durch Geschwindigkeit oder List betrügen (2. Hälfte 18. Jh.) ein lautmalendes Wort. ALTHAUS in: Zs. f. Mundart-

---

[241] http://www.medine-schopfloch.de/Lachoudisch/lachoudisch.html.

[242] http://deeper-thoughts.forumieren.com/t276-dolmetscher-Jiddisch
http://wiki.muenster.org/index.php/TackoPediaS
http://www.hagalil.com/israel/2008/judendeutsch-2.htm.

forsch. 30 (1963/64) 67 f. erklärt das Verb als Bildung aus šin, wāw, mēm, den hebr. Anfangsbuchstaben (=Schum) der Handelsstädte Speyer, Worms, Mainz, und verweist auf obd. Schumser – (Handels)jude. Danach soll schummeln eigentl. handeln (von Juden) bedeuten (so noch elsäss. und rhein.), dann (im Handel) betrügen (18. Jh.), vgl. nd. beschummeln – auf jüdisch betrügen, elsäss. schummeln – übervorteilen, beim Spiel betrügen (beide 2. Hälfte 18. Jh.). Wie fuggern – handeln und betrügen zum Namen Fugger (auch Kaufmann, Betrüger) gebildet ist, will ALTHAUS schummeln von der Bezeichnung der sogennnten Schumstädte abgeleitet wissen.[243]

Schunre | Schunro | Schünre | Schunnere | Schnurrer

Bedeutung

Katze

Schunreponim – Katzengesicht, hässlicher Mensch

Herkunft

jidd. schunra, dt. schnurren[244]

Schwuech | Schwuah

Bedeutung

Woche[245]

Herkunft

hebr. שָׁבוּעַ, schawua – Woche

---

[243] Digitales Wörterbuch der deutschen Sprache: http://www.dwds.de/?kompakt= 1&qu= schummeln.

[244] http://deeper-thoughts.forumieren.com/t276-dolmetscher-Jiddisch http://www.medine-schopfloch.de/Lachoudisch/lachoudisch.html. Wolf, Siegmund A.: Wörterbuch des Rotwelschen. Deutsche Gaunersprache. Mannheim 1956, S. 302.

[245] http://deeper-thoughts.forumieren.com/t276-dolmetscher-Jiddisch.

Säbelbeis | Seibelbeis | Seifelbaijes

Bedeutung

    Toilette, Scheißhaus

Herkunft

    Kompositum aus seibeln, säbeln – beschmutzen, scheißen

    Von jüd.-dt. seibel, seifel – Dreck, Mist

    Von jidd. sewel – Mist, Kot

    Und jüd.-dt.: beis – Haus

    Von jidd. bajis

    hebr. זבל, sewel – Mist, Kot

    Und hebr. בַּיִת, beit[246]

Sauregurkenzeit

Bedeutungen

1) Zeit im Sommer, in der keine rege Geschäftstätigkeit herrscht
2) Zeit, in der während des Sommerlochs nur wenige, zu anderen Jahreszeiten eher nebensächliche Meldungen in den Medien verbreitet werden

Herkunft

1870 kam die Sauregurkenzeit in Berlin auf als Bezeichnung für den Hochsommer, in dem üblicherweise die Gurken eingelegt und nicht viele Geschäfte getätigt wurden. Der Ausdruck an sich stammt aus dem Rotwelschen. Dort heißt es ursprünglich zóress und jókresszeit (Zeit der Leiden und der Teuerung). Jüdische Kaufleute sorgten sich in einer solchen Zeit über die Inflation und die Preise. Später wurde die Sauregurkenzeit auf die Medienberichte in den an politischen Themen armen Sommermonaten übertragen.

---

[246] http://wiki.muenster.org/index.php/TackoPediaB.
http://www.eichstetten.de/ortsinfo/mundart/Hebr_Jidd_rotwelsch.pdf.

Motiv und Herkunft des erstmals aus Berlin belegten Ausdrucks sind unklar. Eine volksetymologische Erklärung verbindet ihn mit dem spätsommerlichen, also in die Ferienzeit fallenden Angebot frisch eingelegter saurer Gurken aus dem Spreewald.[247] Nach Salcia Landmann jedoch hat er mit sauren Gurken nichts zu tun, sondern ist eine – möglicherweise über das Rotwelsch vermittelte – Verballhornung des Jiddischen Zóres- und Jókresszeit (von hebräisch צָרָה, ṣārā(h) – Bedrängnis, Drangsal, Kummer, Not (Plural: צָרוֹת, ṣārōt) und יקרות jakrút; Jiddisch zoro und joker), der Zeit der Not und der Teuerung.[248]

Vgl. auch die Stichwörter *jackeres, joker* und *Zores*.

Schocken

Bedeutungen

1) schockieren
2) Kartenspiel

Herkunft

Siehe *Zocken*

Simmche Dore | Simmiche Djene | Simche

Bedeutung

Tora-Fest / viel Freude / Freude[249]

Herkunft

hebr. שִׂמְחָה, Simcha – Freude, Fest

---

[247] http://de.wikipedia.org/wiki/Sauregurkenzeit#cite_note-Kluge-.

[248] Deutlicher Röhrich: Er sieht die Herkunft aus dem Rotwelschen als erwiesen an. Vgl.: Lutz Röhrich: Lexikon der sprichwörtlichen Redensarten, 5 Bände, Freiburg i. Br. 1991, Band 2, S. 599; Lemma: Gurke.

[249] http://deeper-thoughts.forumieren.com/t276-dolmetscher-Jiddisch
http://www.medine-schopfloch.de/Lachoudisch/lachoudisch.html.

skores | skoresn | Skore

Bedeutung
 lügen

Herkunft
 hebr. שֶׁקֶר, scheker – Lüge, לְשַׁקֵּר, leschaker – lügen

Sof

Bedeutung
 Ende

Herkunft
 jidd., hebr. סוֹף, soff – Ende[250]

Sone | Saune

Bedeutung
 Feind
 alle mei sonnem – alle meine Feinde

Herkunft
 hebr. שונא, sone – Feind, Pl.: שונאים, sonnim[251]

Soreff | Sorof | Zoref

Bedeutung
 Schnaps

Herkunft
 jidd. soroph – er / es hat gebrannt
 hebr. צוֹרֵב, zoref – brennend, ätzend, beißend[252]
 Siehe auch *Majemm Soreff* und *Jajemm Soreff*

---

[250] http://wiki.muenster.org/index.php/TackoPediaS.

[251] http://deeper-thoughts.forumieren.com/t276-dolmetscher-Jiddisch.

[252] http://wiki.muenster.org/index.php/TackoPediaS. http://www.medine-schopfloch.de/Lachoudisch/lachoudisch.html.

stikum | stickum | stiekum | stickne | stieke | schdiegne

Bedeutungen

landschaftlich, ugs. ganz unbemerkt, kaum merklich, kaum wahrnehmbar, lautlos

stigem wie ein Hecht – schweigt wie ein Fisch

Herkunft

seit dem 20. Jahrhundert bezeugt; Entlehnung über das rotwelsche stiekum – ruhig, leise aus dem westjiddischen שתיקה, shtike – ruhig; dieses entstammt dem hebräischen (ה)שְׁתִיקָ, šᵉṭīqā(h) – (das) Schweigen, welches seinerseits ein Deverbativ von שָׁתַק, šāṭaq – sich legen, beruhigen; schweigen ist.[253]

Sums

Bedeutung

Mach keinen Sums! – Mach dir nicht zu viel unnütze Gedanken!

Herkunft

jidd. mesimes, mesimos – unnütze Gedanken, nichtsnutzige Pläne.[254]

hebr. מזימות

Tacheles (reden)

Bedeutung

ugs. (jemandem gegenüber) ganz offen und freimütig seine Meinung äußern

---

[253] Kluge[24], S. 884; Duden, Fremd4, S. 1287; Duden, Universal6, S. 1616. http://wiki.muenster.org/index.php/TackoPediaS. http://deeper-thoughts. forumieren.com/t276-dolmetscher-Jiddisch. Hilgert, Wilfried: Mores, Zores un Maschores. Jiddisch – Hebräisch in unserer Mundart. 2. Aufl., Horrweiler 1994, S. 19.

[254] Jiddische und hebräische Spuren in der deutschen Hochsprache und in unserer Mundart. Eine sprachhistorische Untersuchung von Walter Rudersdorf, hrsg. Von der Kreisheimatstelle des Kreises Limburg-Weilburg, 2. Aufl., 1997, S. 32.

Herkunft

Das Wort ist eine seit dem 20. Jahrhundert bezeugte Entlehnung aus dem westjiddischen תכלית, takhles – Ziel; Zweck. Es könnte sich auch um eine unmittelbare Übernahme der westjiddischen Redewendung תכלית רעדן, takhles redn – Zweckmäßiges reden, zur Sache kommen handeln. Das jiddische Wort תכלית entstammt wiederum dem hebräischen תַּכְלִית, ta<u>k</u>līṯ – Ende, Äußerstes, später auch Zweck.[255]

Tannegoul | Tarnegaul

Bedeutung

Hahn

Herkunft

hebr. תַּרְנְגוֹל, Tarnegol – Hahn[256]

Tannegoule | Tarnegaules

Bedeutung

Henne

Herkunft

hebr. תַּרְנְגוֹלָת, Tarnegolet – Henne[257]

---

[255] Kluge[24], S. 902. Duden Universal[6], S. 1656.
Duden: Das Herkunftswörterbuch; 3. Auflage. Mannheim, 2001.
Vgl. spezielle Bedeutung: einen Hasen töten, ihn einem Endzweck zuführen.
http://www.eichstetten.de/ortsinfo/mundart/Hebr_Jidd_rotwelsch.pdf.
[256] http://deeper-thoughts.forumieren.com/t276-dolmetscher-Jiddisch.
[257] http://deeper-thoughts.forumieren.com/t276-dolmetscher-Jiddisch.

Tiffle | Diffel | Tiphlo | Diffele | Tofel | Tofle | Dufft | Duffle | Düffle | Dove

Tiflehof – Kirchhof; Duftmahl – Abendmahl; Duftschaller, Doveschaller – Lehrer; Duftproscher – Kirchendieb

Bedeutung

Kirche

Herkunft

jidd. tephilo – Gebet

hebr. תְּפִילָה, Tfila – Gebet[258]

Tinnef

Bedeutung

ugs., abwertend: nutzloses Zeug, etwas Unsinniges, Sinnloses, Törichtes

Herkunft

im 19. Jahrhundert in Kaufmannskreisen aufgekommen; Entlehnung über das Rotwelsche aus dem westjiddischen טינוף, tinef – Dreck, schlechte Qualität, welches seinerseits auf das hebräische טְנוּף, ṭinnūf – Schmutz, Verschmutzung; Kot zurückgeht; dieses ist ein Deverbativ zu טְנֵף, ṭinnēf – beschmutzen.[259]

Tohuwabohu

Bedeutung

Chaos, Durcheinander

---

[258] Wolf, Siegmund A.: Wörterbuch des Rotwelschen. Deutsche Gaunersprache. Mannheim 1956, S. 329.
[259] Kluge[24], S. 917. Vgl. Duden, Universal[6], S. 1682. Duden, Fremd[4], S. 1353. Duden: Das Herkunftswörterbuch; 3. Auflage. Mannheim, 2001.

seit dem 19. Jahrhundert bezeugt; Lehnwort aus dem hebräischen תֹהוּ וָבֹהוּ, tōhū vāvōhū – Wüste und Öde, wüst und leer, welches im Alten Testament (1. Buch Mose 1,2) den Zustand der Erde vor dem ordnenden Eingreifen Gottes bezeichnet; später wurde es dann zunehmend im übertragenen Sinne von Chaos gebraucht.[260]

Toches Meloches Zion

Bedeutung

Verballhornung von Aschaffenburg: Toches – Gesäß, Meloches – Schaffen, Zion – Burg. Diese Verballhornung ist einigen Städten widerfahren, insbesondere solchen, die die Partikel Kreuz oder Schwein in ihrem Namen führten.

Herkunft

Toches: hebr. תַּחַת, tachat – Gesäß

Meloches: siehe *Maloche* – מְלָאכָה, m^{e}lāḵā(h) – Arbeit

Zion: hebr. ציון hieß nach 2 Sam 5,7 EU ursprünglich eine Turmburg der Jebusiter an der südöstlichen Stadtgrenze des vorisraelitischen Stadtstaats Jerusalem.

treife | trefe | tarfes

Bedeutung

den jüdischen Speisegesetzen entsprechend unrein und daher nicht zum Verzehr erlaubt

Herkunft

Entlehnung aus dem westjiddischen טרעבע, טרייף(ע), treyf(e), trebe, welches seinerseits dem hebräischen טָרֵף, ṭāref – (vom Raubtier) gerissenes (Aasfleisch); aasig entstammt.[261]

---

[260] Kluge[24], S. 919.

[261] Duden, Universal[6], S. 1703. Duden, Fremd[4], S. 1371

http://www.eichstetten.de/ortsinfo/mundart/Hebr_Jidd_rotwelsch.pdf

Ulem | Olem

Bedeutung

Masse, Menge[262]

Herkunft

jidd. olem – Ewigkeit, Welt

hebr. עוֹלָם, olam – Welt

veräppeln

Bedeutung

jemanden zum Besten halten

Herkunft

über den Ursprung dieser Redensart gibt es mehrere Theorien:

1) Die Redewendung veräppeln kommt ursprünglich aus dem niederdeutschen Appel für Apfel. Veräppeln bedeutet also jemanden mit Äpfeln zu bewerfen, was um 1600 in Wirtshäusern oft praktiziert wurde.

2) Die Redewendung veräppeln entwickelte sich aus dem jiddischen Begriff Eppel (=nichts). Also bedeutet diese Redewendung jemanden zunichte machen.

3) Die Redewendung kommt vom niederdeutschen Wort ape, was Affe bedeutet. Veräppeln hieße dann jemanden wie einen Affen behandeln.[263]

4) veräppeln Vb.: jmdn. zum Besten haben, zum Narren halten (um 1900, bes. md. und nordd.), mundartlich auch äppeln. Herkunft unbekannt. WOLF Rotw. 35 will von Jidd. ewil – Narr, Tor

---

http://deeper-thoughts.forumieren.com/t276-dolmetscher-Jiddisch.

[262] Hilgert, Wilfried: Mores, Zores un Maschores. Jiddisch – Hebräisch in unserer Mundart. 2. Aufl., Horrweiler 1994, S. 92.

[263] http://www.renateblaes.de/blog/redensart-veraeppeln/.
http://de.wikipedia. org/ wiki/Ver%C3%A4ppeln. Die Theorie bezüglich des Jiddischen unterstützt auch Küger-Lorenenzen: Deutsche Redensarten und was dahintersteckt. 8. Auflage, Düsseldorf 1993, S. 275.

ausgehen. Aber eine Anknüpfung an Apfel (md. nd. Appel), etwa mit (faulen) Äpfeln (Äppeln) bewerfen ist nicht ohne weiteres abzuweisen.[264]

verkoule | verkohlen

Bedeutung

belügen[265]

Herkunft

siehe *Kohl (reden)*

vermasseln

Bedeutungen

1) transitiv; salopp: etwas, was einen anderen betrifft, absichtlich oder absichtslos zum Scheitern bringen

2) transitiv; salopp: etwas (zumeist eine Prüfung, Test oder Ähnliches) mangelhaft, minderwertig machen

3) nach Karl Schmidt: verderben, verraten, ausliefern (bei der Polizei).

Herkunft

seit dem 20. Jahrhundert bezeugt; übernommen aus der Gaunersprache, in der es aus dem rotwelschen Massel – Glück abgeleitet ist; dieses wiederum entstammt dem westjiddischen מזל, mazl – Gestirn, Glücksstern; das Verb hat also die Bedeutung von sein Glück zunichtemachen.[266]

---

[264] Digitales Wörterbuch der deutschen Sprache: http://www.dwds.de/?kompakt=1&qu=veräppeln. Wörterbuch des Rotwelschen: Deutsche Gaunersprache von Siegmund A. Wolf von Buske, Hamburg 1993.

[265] http://www.medine-schopfloch.de/Lachoudisch/lachoudisch.html.

[266] Kluge[24], S. 954. Hebräisch-jiddische und rotwelsche Ausdrücke im Eichstetterischen. Von Karl Schmidt. Zit. nach: http://www.eichstetten.de/ortsinfo/mundart/hebr_jidd_rotwelsch.pdf

vermassere

Bedeutung

verraten

Herkunft

jidd. moser – Verräter

hebr. למסור, limssor – ausliefern, denunzieren.[267]

verschiddicht

Bedeutung

verheiratet

siehe *geschiddicht*

Herkunft

jidd. schittichen – heiraten

Händlersprache: schidduchen

hebr. הִתְחַתֵּן hitchaten – heiratete; שַׁדְכָן, schadachan, שידוך, schidduch – Heiratsvermittler[268]

Zelemmokem

Bedeutung

Kreuznach/Rheinland-Pfalz

Herkunft

hebr. צְלָב, zela – Kreuz, Pl. צלם zelem – Kreuze; מקם mokem (ashkenasische Aussprache), makom (modernes Hebräisch) – Ort

Zene-urene

Bedeutung

Frauenbibel. Auf Deutsch verfasst, aber in hebräischen Buchstaben.

---

[267] http://www.eichstetten.de/ortsinfo/mundart/Hebr_Jidd_rotwelsch.pdf.
[268] http://www.medine-schopfloch.de/Lachoudisch/lachoudisch.html.

Zocken

Bedeutungen

1) ugs., auch im übertragenen Sinne: Glücksspiele oder riskante Börsengeschäfte betreiben
2) salopp: (vor allem bei Glücksspielen) risikofreudig agieren
3) Jargon: (ein Computer- oder Konsolenspiel) spielen

Herkunft

seit dem 19. Jahrhundert bezeugt; Entlehnung über das rotwelsche zchokken aus dem westjiddischen שחָקן ,צחָקן, tskhoken, skhoken, – spielen, unterhalten, welches seinerseits dem hebräischen שחק, צחק, śᵉḥōq, ṣᵉḥōq – spielen, eigentlich lachen, entstammt.[269]

Zoff

Bedeutungen

Deutschland, Schweiz ugs. Ärger, Streit, Zank, Unfrieden

Herkunft

seit dem 20. Jahrhundert bezeugt; Entlehnung über das Rotwelsche aus dem westjiddischen סוף, sof, in dem das Wort jedoch Ende, Abschluss bedeutet; die Bedeutungsveränderung zum Deutschen wird auf die jiddische Wendung מיאוסער סוף, mieser sof, böses Ende zurückgeführt; das westjiddische Wort entstammt seinerseits dem hebräischen סוֹף, sōf Ende, Schluss.[270]

---

[269] Kluge[24], S. 1015.

[270] Kluge[24], S. 1015. Duden, Das große Fremdwörterbuch. Herkunft und Bedeutung der Fremdwörter. 4. Auflage, Mannheim/ Leipzig/ Wien/Zürich 2007, S. 1443. Duden, Deutsches Universalwörterbuch. 6. Auflage, Mannheim/Leipzig/Wien/Zürich 2007, S. 1983.

Zores

Bedeutung

1)

[a] landschaftlich: Durcheinander, Wirrwarr

[b] mittelwestdeutsch, österreichisch: Ärger; zänkisches Streiten; Ärgernisse

2) landschaftlich: eine als asozial, verbrecherisch (oder ähnlich) angesehene Gruppe von Menschen, die aufgrund dessen verachtet und abgelehnt wird.

Herkunft

1) seit dem 19. Jahrhundert bezeugt; Entlehnung über das rotwelsche zores aus dem westjiddischen צרות, tsores, der Pluralform von צרה, tsore – Leiden, Mühe, Not, Pein, Qual, Sorge, Unglück, Unruhe; dieses entstammt seinerseits dem hebräischen צָרָה, ṣārā(h) – Bedrängnis, Drangsal, Kummer, Not (Plural: צָרוֹת, ṣārōt)

2) Laut Littmann und Kluge handelt es sich hierbei vermutlich um eine durch Bedeutungsattraktion an das andere unter 1 erwähnte rotwelsche zores hervorgegangene Entlehnung über ein weiteres rotwelsches zores aus dem westjiddischen צעיר, tsoyr – Geringer, Niedriger, Kleiner, das seinerseits dem hebräischen צָעִיר, ṣāīr – jung entstammt. Althaus bezeichnet diese Annahme als fragwürdig.[271]

vgl. auch Stichwort *Sauregurkenzeit*

---

[271] Variantenwörterbuch des Deutschen - Die Standardsprache in Österreich, der Schweiz und Deutschland sowie in Liechtenstein, Luxemburg, Ostbelgien und Südtirol, Berlin/New York 2004 (VWD), S. 896. Duden, Universal[6], S. 1984. Kluge[24], S. 1016. Duden, Fremd[4], S. 1445. Althaus, Hans Peter: Zocker, Zoff & Zores. Jiddische Wörter im Deutschen, München 2002, S. 58-59. Duden: Das Herkunftswörterbuch; 3.Auflage. Mannheim, 2001.

Zoss | Zosse | Zossen | Suss

Bedeutung

(altes) Pferd

Herkunft

Entlehnung über das Rotwelsche, in dem es in der Form Zußgen bezeugt ist, aus dem westjiddischen סוס, sus – Pferd, welches seinerseits dem hebräischen סוס, sūs – Pferd entstammt.[272]

---

[272] Kluge[24], S. 1016. http://wiki.muenster.org/index.php/TackoPediaZ http://deeper-thoughts.forumieren.com/t276-dolmetscher-jiddisch.

Wochentage:

Sonn olf – Sonntag, eine Mischung aus Sonntag und alef, dem ersten Buchstaben des hebräischen Alphabets

Bejs – Montag, hebr. bet - b

Gimmel – Dienstag, hebr. gimmel - g

Dollet – Mittwoch, hebr.: dalet - d

Hej – Donnerstag, hebr. he - h

Woof – Freitag, hebr. waw - w

Schabbes – Schabbat

Zahlen:

Olf/olef – eins, hebr. alef – a

Bejs/behs/bess – zwei, hebr. bet – b

Gimmel- drei, hebr. gimmel – g

Dollet/dolles – vier, hebr. dalet – d

Hej/heh – fünf, hebr. he – h

Woov/woff/hov – sechs, hebr. waw – w

Sojn/sejn – sieben, hebr. zayin – z

Kess/chess/jiss/aches – acht, hebr. chet – ch

Dess – neun, Hebr. tet – t

Juss/jud – zehn, hebr. yod – j[273]

Jussolf/jud-olef – elf.

Hier endet die Entsprechung zum hebräischen Alphabet, denn der 11. Buchstabe lautet im Hebräischen Kaf. Stattdessen werden die Zahlen ab jetzt der hebräischen Zählweise entsprechend gebildet: zehn und eins, zehn und zwei etc.

---

[273] http://www.eichstetten.de/ortsinfo/mundart/Hebr_Jidd_rotwelsch.pdf.

Jussbejs/jud-behs - zwölf
Jussgimmel/jud-gimmel - dreizehn
Jussdolet/jud-dolet - vierzehn

Erst bei zwanzig wird der elfte Buchstabe verwendet, weil er den Zahlwert 20 ausdrückt. (Alle Buchstaben des Alphabets drücken zugleich Zahlwerte aus.)

Kaf - zwanzig, hebr. kaf - ch
Kafolf - einundzwanzig

Lammed/lames - dreißig, hebr. lamed - l

Mem - vierzig, hebr. mem - m

Nun - fünfzig, hebr. nun - n

Samech - sechzig, hebr. samech - stimmloses s wie in Fass

Schjfen/schiffem oder ajin - siebzig, hebr. schiv'im - siebzig

Schmonem/schwanem oder peh - achtzig, hebr. schmonim - achtzig

Dischem oder zaddik - neunzig, hebr. tischim - neunzig

Mejes/meej oder kuf - hundert, hebr. meah[274]

ellef - tausend, hebr. elef

---

[274] http://deeper-thoughts.forumieren.com/t276-dolmetscher-Jiddisch
Hilgert, Wilfried: Mores, Zores un Maschores. Jiddisch - Hebräisch in unserer Mundart. 2. Aufl., Horrweiler 1994, S. 131.

Primärquellen:

Prof. em. Dr. Meir Schwarz, Jerusalem, geb. in Nürnberg/Franken

Ruth Makower, Haifa, geb. in Gießen/Hessen

Frau Bormuth, Haifa, geb. in Beerfelden/Hessen

Ester Golan, Jerusalem, geb. in Glogau/Schlesien

Sekundärquellen

Althaus, Hans Peter: Chuzpe, Schmus & Tacheles. Jiddische Wortge-schichten, München 2004, 2. Aufl. 2006

Althaus, Hans Peter: Kleines Lexikon deutscher Wörter jiddischer Herkunft. München 2003

Althaus, Hans-Peter: Künstler-Jargon. In: Sprache und Text in Theorie und Empirie: Beiträge zur germanistischen Sprachwissenschaft; Fest-schrift für Wolfgang Brandt, hrsg. Von Claudia Mauelshagen und Jan Seifert, Stuttgart 2001 (Zeitschrift für Dialektologie und Linguistik: Beihefte H. 114)

Aptroot, Marion; Gruschka, Roland: Jiddisch. Geschichte und Kultur einer Weltsprache. München 2010

Birnbaum, Salomo A.: Grammatik der jiddischen Sprache. Mit einem Wörterbuch und Lesestücken, 3., ergänzte Auflage, Hamburg 1979

Brockhaus Kleines Konversations-Lexikon, 5. Auflage 1911, zit. nach: http://www.zeno.org/Brockhaus-1911/A/Benschen

Deutsch-Hebräisches Wörterbuch. In: http://www.milon.li/a080715. php

Deutsches Wörterbuch von Jacob und Wilhelm Grimm. 16 Bde. in 32 Teilbänden. Leipzig 1854-1961. Quellenverzeichnis Leipzig 1971. Zit. nach: http://dwb.uni-trier.de/Projekte

Die Geheimsprache der Handelsleute oder Dolmetscher und Lexikon zur Entzifferung aller beim Handel und Wandel vorkommenden jüdi-schen und jargonischen Wörter und Redensarten für Metzger, Vieh-händler, Oekonomen und Gewerbetreibende aller Art von J. Wolff, Sprachlehrer zu Essen an der Ruhr, Essen 1879, Selbstverlag des Ver-fassers, zit. nach: http://deeper-thoughts.forumieren.com/t276-dol metscher-jiddisch

Digitaler Verbund von Dialektwörterbüchern, Rheinisches Wörterbuch, Pfälzisches Wörterbuch, Wörterbuch der elsässischen Mundarten. In: http://dwv.uni-trier.de/

Digitales Wörterbuch der deutschen Sprache: http://www.dwds.de

Die Schopflocher Zweitsprache Lachoudisch, F.G. Medine Schopfloch e.V., Zit.: http://www.medine-schopfloch.de/Lachoudisch/lachoudisch.html

Duden. Das große Wörterbuch der deutschen Sprache in 8 Bänden. Band 3, Mannheim/Leipzig/Wien/Zürich 1993

Duden. Das große Wörterbuch der deutschen Sprache in zehn Bänden, 3., völlig neu bearbeitete und erweiterte Auflage, Mannheim – Leipzig – Wien – Zürich 1999

Duden. Das große Fremdwörterbuch, 4., aktualisierte Auflage, Mannheim – Leipzig – Wien – Zürich, 2007

Duden. Deutsches Universalwörterbuch, 6., überarbeitete und erweiterte Auflage, Mannheim – Leipzig – Wien – Zürich, 2006

Duden. Herkunftswörterbuch. Etymologie der deutschen Sprache. 2., völlig neu bearbeitete und erweiterte Auflage, Mannheim/Leipzig/Wien/Zürich 1989

Duden. Das Herkunftswörterbuch; 3. Auflage, Mannheim 2001

Duden. Redewendungen, Band 11: 2., neu bearbeitete und aktualisierte Auflage, Mannheim/Leipzig/Wien/Zürich 2002

Frank, Rupert: Bayrisches Wörterbuch. In: http://www.bayrisches-woerterbuch.de/s.html

Gesenius, Wilhelm: Hebräisches und aramäisches Handwörterbuch, unveränderter Nachdruck der 1915 erschienenen 17. Auflage, Heidelberg 1962

Girtler, Roland: Rotwelsch. Die alte Sprache der Diebe, Dirnen und Gauner, Wien 1998. In: http://de.wikipedia.org/wiki/Rotwelsch

Guggenheim-Grünberg, Florence: Wörterbuch zu Surbtaler Jiddisch, Endingen 1998

Hebräisch-jiddische und rotwelsche Ausdrücke im Eichstetterischen. Von Karl Schmidt. Zit. nach: http://www.eichstetten.de/ortsinfo/mundart/hebr_jidd_rotwelsch.pdf

Hilgert, Wilfried: Mores, Zores un Maschores. Jiddisch – Hebräisch in unserer Mundart. 2. Aufl., Horrweiler 1994

Hunsrücker Platt: http://www.hundemer-platt.de/HP/Sch.html

Jiddische und hebräische Spuren in der deutschen Hochsprache und in unserer Mundart. Eine sprachhistorische Untersuchung von Walter Rudersdorf, hrsg. von der Kreisheimatstelle des Kreises Limburg-Weilburg, 2. Aufl., 1997

Jiddische Wörter aus Ettenheim, aufgezeichnet von Sigmund Lion. In: http://www.joerg-sieger.de/ettenheim/probe/juden/ju_31.htm

Jüdisch Historischer Verein Augsburg: Lachoudisch – Reste jüdischer Sprache aus Schopfloch. In: http://jhva.wordpress.com/2010/08/24/lachoudisch-%e2%80%93-reste-judischer-sprache-aus-schopfloch/

Klepsch, Alfred: Westjiddisches Wörterbuch. Auf der Basis dialektologischer Erhebungen in Mittelfranken. Tübingen 2004

Kluge, Friedrich: Etymologisches Wörterbuch der deutschen Sprache; 23. erweiterte Auflage, 1999

Kluge, Friedrich: Etymologisches Wörterbuch der deutschen Sprache, 24. Auflage (bearbeitet von Elmar Seebold), Berlin 2002

Küpper, Heinz: Illustriertes Lexikon der deutschen Umgangssprache in 8 Bänden, Stuttgart 1982–1984

Küpper, Heinz: Wörterbuch der deutschen Umgangssprache. 1. Auflage, 6. Nachdruck. Stuttgart, München, Düsseldorf, Leipzig, 1997, Digitale Ausgabe: in Digitale Bibliothek Bd. 36, Berlin 2006

Küger-Lorenenzen: Deutsche Redensarten und was dahintersteckt. 8. Auflage, Düsseldorf 1993

Landmann, Salcia: Jiddisch. Abenteuer einer Sprache. München 1964

Lewandowski, Theodor: Linguistisches Wörterbuch. 4., neu bearb. Aufl. Heidelberg 1984

Link, Paul, Professor: unveröffentlichte Wortsammlung, zugänglich gemacht von Rainer Hofmann, Schopfloch

Liste deutscher Wörter aus dem Hebräischen: http://de.wikipedia.org/wiki/Liste_deutscher_W%C3%B6rter_aus_dem_Hebr%C3%A4ischen

מילון כיס דו לשוני עברי-גרמני-גרמני עברי-עברי כולל תעתיק מלא / Zweisprachiges Taschenwörterbuch Deutsch-Hebräisch Hebräisch-Deutsch mit vollständiger Transliteration, Israel 2006

Müller, Klaus (Hrsg.): Lexikon der Redensarten, München, 2005

Nabrings, Kirsten: Sprachliche Varietäten. Narr, Tübingen 1981

Neuberg, Simon, Röll, Walter: Anmerkungen zum „Guten Rutsch"; in: Jiddistik Mitteilungen Nr. 28/November 2002

Pfälzisches Wörterbuch. Begründet von Ernst Christmann. Fortgef. von Julius Krämer. Bearb. von Rudolf Post. Unter Mitarb. von Sigrid Bingenheimer. 6 Bde. und ein Beiheft. Stuttgart 1965-1998. In: http://dwv.uni-trier.de/WBB2009/PfWB/wbgui_py?lemid=PA00001

Pfeifer, Wolfgang: Etymologisches Wörterbuch des Deutschen, 7. Auflage, München 2004

Post, Rudolf, Scheer – Nahor, Friedel: Allemannisches Wörterbuch für Baden, hrsg. vom Landesverein Badische Heimat e. V. und der Muettersproch-Gsellschaft, Verein für alemannische Sprache e. V. (Band 2 der „Schriftenreihe der Badischen Heimat"). Karlsruhe 2009. In: http://www.scheer-nahor.de/wortlist.pdf

Rheinisches Wörterbuch. Bearb. und hrsg. von Josef Müller, ab Bd. VII von Karl Meisen, Heinrich Dittmaier und Matthias Zender. 9 Bde. Bonn und Berlin 1928-1971. In: http://urts55.uni-trier.de:8080/Projekte/WBB2009/RhWB/wbgui_py?lemid=RK00737

Röhrich, Lutz: Lexikon der sprichwörtlichen Redensarten, Neuausgabe, Freiburg im Breisgau 2009, 3 Bände

Röll, Walter: Guten Rutsch? In: Jiddistik Mitteilungen Nr. 27/April 2002

Roth, Hansjörg: „Guten Rutsch"! In: Jiddistik Mitteilungen Nr. 28/ November 2002

Sprachtabu. Zur Linguistik des Unsagbaren. Wolfgang Schulze, Sommersemester 2009, 9. Sitzung: Sprachtabu und Sondersprachen. Zit. nach: http://www.lrz.de/~wschulze/SOSE09/tabuv9.pdf

Sprichwörter und Redensarten deutsch-jüdischer Vorzeit. Als Beitrag zur Volks-, Sprach- und Sprichwörterkunde. Aufgezeichnet aus dem Munde des Volks und erläutert von Abraham Tendlau. Frankfurt a. M. 1860. Zit nach: http://www.zeno.org/Wander-1867/A/Ecke

Stern, Josef: Westjiddisch? Jüdisch-Deutsches Wörterbuch. http://www.hagalil.com/israel/2008/judendeutsch-1.htm

TackoPedia – das Masematte-Wörterbuch. Zit: http://wiki.muenster.org/index.php/TackoPediaB

Taschenwörterbuch der hebräischen und deutschen Sprache zu den gelesensten Teilen des Alten Testaments, zusammengestellt von Karl Feyerabend, Berlin, o.J., Vorwort von 1905

http://www.theaterverzeichnis.de/show.php?id=778&show_ref=yes&bundesland_id=10

Variantenwörterbuch des Deutschen - Die Standardsprache in Österreich, der Schweiz und Deutschland sowie in Liechtenstein, Luxemburg, Ostbelgien und Südtirol, Berlin/New York 2004

Weinberg, Werner: Die Reste des Jüdischdeutschen. Stuttgart 1969

http://www.wikiled.com/yiddish-hebrew-nafke-Default.aspx

http://de.wikipedia.org/wiki/Jiddisch

http://de.wiktionary.org/wiki/

http://de.wiktionary.org/wiki/Kategorie:Hebraismus

http://de.wiktionary.org/wiki/Kategorie:Jiddismus

Wörterbuch der deutsch-lothringischen Mundarten. Bearb. von Michael Ferdinand Follmann. Leipzig 1909. (Quellen zur lothringischen Geschichte – Documents de l'Histoire de la Lorraine 12). In: http://woerterbuchnetz.uni-trier.de:8181/Projekte/WBB2009/Loth WB/wbgui_ py?lemid=CK00055

Wörterbuch der elsässischen Mundarten. Bearb. von Ernst Martin und Hans Lienhart. 2 Bde. Straßburg 1899-1907. In: http://dwv.uni-trier.de/WBB2009/ElsWB/wbgui_py?lemid=EA00001

Wörterbuch von Mittelfranken. Eine Bestandsaufnahme aus den Erhebungen des Sprachatlas von Mittelfranken. Zusammengestellt von Guther Schunk, Alfred Klepsch, u.a., Würzburg 2001[2]

Wolf, Siegmund A.: Deutsche Gaunersprache. Wörterbuch des Rotwelschen, unveränderter Nachdruck der 2. Auflage von 1985, Hamburg 1993

Wolf, Siegmund A.: Wörterbuch des Rotwelschen. Deutsche Gaunersprache. Mannheim 1956

Wolf, Siegmund: Jiddisches Wörterbuch. Mannheim 1962

Kleine Übersicht fachsprachlicher Begriffe

Die **Umgangssprache**, auch Alltagssprache, ist im Gegensatz zur Standardsprache die Sprache, die im täglichen Umgang benutzt wird. Sie kann ein Dialekt sein oder eine Zwischenstellung zwischen Dialekt und Standardsprache einnehmen.[275]

Standardsprache, auch Schrift- oder Hochsprache ist die in Grammatiken und Wörterbüchern normierte und kodifizierte Sprache für alle Lebensbereiche.

Dialekte (gr. διαλέγομαι, dialegomai „miteinander reden") zählen zu den regionalen Sprachvarietäten, wobei die Begriffe Mundart und Dialekt durchaus synonym verendet werden. „Der Dialekt bzw. die Mundart hat eine ortsbezogene regionale Färbung und ist daher die Sprachform mit der geringsten kommunikativen Reichweite. Der Dialektsprecher wird mancherorts bereits im Nachbardorf als ortsfremd erkannt."[276]

Als **Sondersprachen** (auch **Soziolekte**) werden Sprachformen bezeichnet, die von einem Teil der Mitglieder einer Sprachgemeinschaft verwendet werden. Sie dienen der (fachlichen/beruflichen) Abgrenzung von anderen Sprechern der Sprachgemeinschaft.

Im Unterschied zur Sondersprache handelt es sich bei einem **Jargon** (auch **Slang**) um eine nicht standardisierte Sprachvarietät. Ein Jargon wird beispielsweise in einer beruflich, gesellschaftlich oder kulturell abgegrenzten Menschengruppe, oder auch in einem bestimmten sozialen Milieu, in einer Subkultur („Szene") gesprochen. Man unterscheidet daher auch zwischen einem **Fachjargon** und einem **Szenejargon**. Der Fachjargon ist innerhalb einer speziellen Berufswelt anzutreffen, ist aber im Gegensatz zur Fachsprache nicht standardisiert.

Der Szenejargon dagegen zieht Gruppengrenzen, indem er eine Art „Sprachkomplizenschaft" und Identitätsbildung ermöglicht. So können sich Jugendliche beispielsweise einer Jugendsprache bemächtigen, sich ihre eigene Identität schaffen und sich hierdurch von der Gruppe der Älteren abgrenzen.

---

[275] http://de.wikipedia.org/wiki/Umgangssprache.

[276] http://de.wikipedia.org/wiki/Dialekt.

Unter dem Begriff **Rotwelsch** versammeln sich geheimsprachliche Soziolekte gesellschaftlicher Randgruppen, wie sie seit dem späten Mittelalter besonders bei Bettlern und dem fahrenden Volk verwendet wurden. Da Juden häufig von „klassischen" Berufen ausgeschlossen waren und bis ins 19. Jahrhundert einen großen Teil der fahrenden Händler und Hausierer ausmachten, erklärt sich der hohe Anteil an jiddischen und hebräischen Lehnwörtern im Rotwelsch. Durch die Ansiedlung Nichtsesshafter in bestimmten Orten hat Rotwelsch auch regionalsprachlichen Niederschlag gefunden.[279]

---

[279] Roland Girtler: Rotwelsch. Die alte Sprache der Diebe, Dirnen und Gauner. Wien 1998; siehe auch:
http://de.wikipedia.org/wiki/Rotwelsch

Die Autoren

Dr. Anja Liedtke.

Sie ist 1966 in Bochum/NRW geboren worden. An der Ruhr-Universität studierte sie Linguistik, Literaturwissenschaften und Geschichte und promovierte mit einer Dissertation „Zur Sprache der Berichterstattung in den Kriegen am Golf und in Jugoslawien". Sie war Dozentin für Deutsch als Fremdsprache an der Tongji-Universität in Shanghai sowie für Rhetorik und Sprecherziehung an der Universität Dortmund. 1996 wurde ihr der Bettina-von-Arnim-Literaturpreis verliehen. Seither arbeitet sie als freie Schriftstellerin. 2000 veröffentlichte der Argument Verlag in Hamburg „Rot Gelb Grün. Ein Heimatroman", der in ruhrdeutscher Sprache verfasst ist. Am Beit Ashkenaz leistete sie den Mittelfristigen Freiwilligendienst von Aktion Sühnezeichen Friedensdienste.

Prof. em. Dr. Meir Schwarz

wurde 1926 in Nürnberg geboren. 1939 reiste er mit dem Kindertransport nach Jerusalem und besuchte dort ein Internat. Mit 15 Jahren war er Mitbegründer des Kibbutz Chafetz Chaim, wo er 20 Jahre wohnte. Als Mitglied der Hagana unterstützte er die illegale jüdische Einwanderung aus Europa während des 2. Weltkrieges und war Kommandant eines der drei Exodus-Schiffe. An der Bar-Ilan-University erwarb er den Bachelor und den Master of Sciences und promovierte an der Hebrew University in Pflanzenphysiologie. Er gründete die naturwissenschaftliche Abteilung für Mittelschullehrer im Jerusalem College und im Technology College. Forschungs- und Beratungstätigkeiten leistete er in Italien, Deutschland, auf den Kanarischen Inseln, in Peru, Südafrika, USA (NASA), Singapur (F.A.O./U.N.). In den 80er Jahren gründete er das Synagogue Memorial Institute Beit Ashkenaz / Ashkenaz House in Jerusalem, das sich der Erforschung des deutschjüdischen Kulturerbes widmet und populärwissenschaftliche Bücher über Synagogen und Gemeinden veröffentlicht.

Jurij Striedter

Momente

Erinnerungen an Kindheit
und Jugend (1926-1945)

Von Stalins Sowjetrussland zu
Hitlers ›Großdeutschem Reich‹

Mit einem Nachwort von
Karl Eimermacher

2010; 380 Seiten; 23 EUR [D]
zzgl. Versandkosten

ISBN 978-3-89733-224-9

Der Autor entführt seine Leser in die längst verschwundene Welt seiner prägenden Jahre. Zunächst sind es nur Miniaturen aus dem engsten häuslichen Mikrokosmos, die aus der hellwachen Perspektive des Kindes Jura erzählt werden. Mit der Zahl der handelnden Personen, den wechselnden Lebensräumen und Sprachen, sowie den zunehmenden Lebensjahren des Knaben erweitert sich sein Erfahrungs- und Wissenshorizont. Ansichten und Meinungen der Erwachsenenwelt werden dem Jugendlichen einsichtig und erscheinen ihm vorbildhaft. Romantische Ideologien und Mythen, aber auch Zweifel an ihnen und distanzierte Nachdenklichkeit bestimmen sein eigenes Verhalten. Mit neunzehn Jahren – der 2. Weltkrieg ist zu Ende – bricht für Jurij Striedter mit dem Studium eine Zeit in eigener Verantwortung an. In seinen Memoiren verdichten sich viele kleine Episoden zu lebensentscheidenden MOMENTEN, die nicht nur für das individuelle Erleben des Autors typisch sind, sondern für viele Menschen im ostmitteleuropäischen Raum seiner Zeit. So gelingt es einem versierten Erzähler ein anschauliches Panorama von persönlich-familiären und historischen Umbrüchen im zwanzigsten Jahrhundert entstehen zu lassen.

Jurij Striedter, geb. 1926, zählt zu den herausragenden deutschen Literaturwissenschaftlern der Nachkriegszeit. Seine Begegnung mit den Theorien des Russischen Formalismus und des Tschechischen Strukturalismus haben seine wissenschaftliche Tätigkeit in Forschung, Lehre und Publikation nachhaltig bestimmt. Geboren in Nowgorod, aufgewachsen in Leningrad, Reval/Tallin und Posen, studierte er nach 1945 Germanistik, Philosophie und Slawistik in Heidelberg, Paris und Berlin. 1959 habilitiert an der FU Berlin; dort Ernennung zum Professor für Slawische Philologie; seit dieser Zeit zählt er zu den aktiven Trägern der interdisziplinären Gruppe „Poetik und Hermeneutik". 1966 Wechsel an die Reformuniversität Konstanz. 1977 Berufung an die Harvard University, wo er bis 1996 lehrte. Heute lebt er mit seiner Frau Emanuela in Tampa (Florida).

projektverlag.
Verlag für Wissenschaft & Kultur

PF 10 19 07 · D-44719 Bochum
Telefon 0234.3 25 15 70 · Telefax 0234.3 25 15 71

Vertrieb@projektverlag.de   Lektorat@projektverlag.de   www.projektverlag.de